2024
임문영교수의 수필여행

나의 자화상 | 自畵像

ⓒ 2024 Printed in Korea

지 은 이   임문영

인 쇄 처   쌩큐컴퍼니
            02-2272-2221

초판인쇄   2024년 1월 10일
초판발행   2024년 1월 10일

제1부
짧은 수필

박새야, 고맙다	11
신도시로 이사 오다	13
빗속 산책	15
행복이 별거냐?	17
웬 떡인가?	19
호수에 흰 오리를!	21
인상파 그림 같은 풍경	23
얼굴이 닮아가는	25
벌써 입동이란다	27
인생은 여행	29
집콕 속에서 하는 여행	31
어느 가을에	33
안즌방이(민들레)	35
산수(傘壽)라오	37
갑자기 닥친 일	39
사진 정리	41
햇옥수수가 웃는다	43
봄동 겉절이	45
깜빡이	47

제1부
짧은 수필

쫄지 말자	49
요당리 성지	51
빈자리	53
추위	55
부부의 날	57
바지	59
조립의자에서 얻는 행복	61
걸으며 만나는 것들	63
땡땡이친 날	65
봄나들이	67
눈 위에 써놓은 선물	69
8천 원의 행복	71
괜한 짓	73
나이 탓일까?	75
딴짓	77
무료급식봉사	79
예쁜 코골이	81
진실, 정의, 감사	83
무궁화호	85

제1부
짧은 수필

결혼사진 한 장	87
문화적인 삶	89
생각하는 삶	91
걷기와 먹기	93
새로운 삶의 방식	95
세뱃돈	97
한국의 행복지수	99
과정없는 정답	101
미래를 심는다	103
TV 손자	105
삶을 작품화하라	107
인공지능	109
겨를의 참씀	111
여가와 삶	113
가정의 민주화	115
여가증대	117
삶의 즐거움	119
담배파이프	121

제2부
수필여행

새와 함께 하는 삶	125
바게트의 추억	130
나이아가라	134
애플파이가 웃는다	139
발목에 점(占) 하나	143
히사코 아줌마	146
〈눈길〉을 읽고 나서	150
코로나가 삶을 바꾸다	158
루이뷔통 재단 미술관	164
오랑캐꽃	168
손뜨개질	172
갓바위	178
약수암 추억	185
낭만 열차	204
마음의 고향	209
나와 6.25	215
나의 세 끼	229
흰 오리가 구조되었단다	233
이름 때문에	238

제2부
수필여행

아틀리에 꽁트르쁘앵	243
인문다회가 살아있다	248
콧수염	255
틱낫한의 입적	260
산티아고 순례길을 걷다	266
두브로브니크의 해변	272
한묵 백수전 베르니샤즈	288

제1부

짧은 수필

최근까지 중부일보의 수필여행에 실렸던 짧은 수필(1000자정도)이
주를 이루고 오래전 조선일보의 일사일언(一事一言)에 실렸던 글(111-119쪽)과
그밖에 미발표된 수필을 수록함

박새야, 고맙다

　박새가 왔다. 11층 아파트 난간에 놓아둔 잡곡을 어찌 알아보고 날아왔을까? 냄새로 알아봤을까? 아니면 작년에 왔던 기억을 더듬어 찾아왔을까? 아무튼, 반갑다. 직박구리가 먼저 오리라 생각했는데 박새가 먼저 오니 실은 더 반갑다. 직박구리는 덩치가 크고 잡곡도 많이 먹어치우는 데, 반대로 박새는 자그마하고 예쁘고 먹이도 직박구리에 비해 적게 먹으니 더 예쁠 수밖에 없다. 외형적으로도 박새는 목 주위에 흰 띠를 두르고 밝은 회색을 하고 있는 데 반해 직박구리는 누리끼리한 엷은 단색으로 된 단벌 신사다. 이런 점에서도 우리 부부에게는 단연 박새를 선호한다. 그렇다고 직박구리를 구박한다거나 오지 못하게 한 적은 없고 그냥 그렇다는 우리 부부의 선호도를 언급한 것뿐이다. 작년엔 박새가 보이지 않았고 거의 직박구리 한 쌍만 오곤 했었다.

　일상 속에서도 이렇듯이 생각 밖의 일들이 다반사로 일어난다. 다만 우리가 어떤 의미를 부여하느냐? 가 관건인 셈이다. 행복과 불행의 가름도 이와 마찬가지이다. 박새가 먼저 오거나 나중에 오거나 그것이 무슨 대수인가? 그저 새가 오면 그것이 행복이 아니겠는가? 콘크리트 건물 속에 사는 주제에 새가 스스로 날아오니 그것이야말로 얼마나 큰 사건이며 얼마나 큰 위안인가? 점점 자연과 멀어져 살아가는 현대인들은 이런 점에서 자연을 그리워하며 가능한 자연과 가까이 살려고 애쓰는 경향을 띤다. 생활여건이 좋아지면서 제2의 집을 마련해 주말이나 시간이 날 때 제2의 집에서 여유로운 삶을 누리고자 하는 경향이 크게 증가하고 있다. 제2의 집을 소유하지 못한 아쉬움을 호수가 있는 숲에 살면서 아파트 11층까지 찾아와 주는 박새와 직박구리가 얼마나 고마운지 모른다. 봄이 오면 자연으로 돌려보내기까지 우린 정성껏 찾아오는 박새와 직박구리에게 쌀과 가끔은 땅콩가루를 특식으로 제공할 것이다. 이렇듯이 행복도 나름대로 정성을 들여야 한다는 삶의 원칙이 적용되는 것이다. 박새야, 고맙다.

신도시로 이사 오다

　서초동에서 38년간 살다 최근에 신도시로 이사를 온다. 큰아들 녀석이 하는 말, 아빠가 잘한 것 하나는 서초동에서 오래 산 것이라고 했다. 집값이 그만큼 올랐다는 뜻이다. 분양받아 38년간 살았으니 그럴만하다. 분당 개발할 때에는 서초동 아파트 팔면 두 채를 분양받을 정도의 시세였으니 말이다. 하지만 집이란 참으로 사는데 편리하면 고만인 것이다. 교통 좋고 여러 가지 편리시설이 있고 학교가 근거리에 있으면 좋은 것이다. 두 아들이 있는 우리 형편에 아이들이 유치원부터 중학교 그리고 고등학교를 모두 서초동에 있는 근거리에 있는 학교에 다녔으니 편리했고 나름대로 시설이 좋은 학교였으니 큰 걱정은 없었다. 게다가 두 녀석이 대학을 나와 직장을 갖고 장가가고 가정을 꾸릴 때까지 그리고 큰 녀석부터 결혼 후 맞벌이한다고 애를 맡아 3년간 돌봐주었고 둘째 또한 결혼하고 애 낳아 키울 때 함께 살며 맞벌이하도록 했으니 부모 노릇은 충분히 한 셈이다. 3년씩 두 녀석 맞벌이할 수 있도록 애들을 돌봐주었으니 말이다. 첫째는 그런 다음에 잠실 쪽 장모댁 쪽으로 가버렸고 둘째는 이촌동으로 가 버렸다. 그래도 가족 모임이라든지 무슨 행사가 있으면 그리 멀다 하지 않고 쉽게 모이곤 한다. 예를 들어 파주 선산 갈 때도 함께 모여 가는 데 큰 지장이 없다. 어느 날 큰 이변이 일어났다. 광교신도시로 이사를 했다. 주소지로는 경기도 수원이다. 거리상으론 대단히 멀지만 다행인 것은 신분당선이 있어 강남역까지 30분대. 아무튼, 가족들이 뿔뿔이 흩어지게 되었다. 첫째는 고덕동으로 아파트 분양받아간다니 정말 뿔뿔이 흩어져버렸다. 동서 남으로 흩어져 살게 된 것이다. 누구는 말한다. 멀리 있어 좋겠단다. 누구는 애들 보고 싶으면 어떻게 하냔다. 우린 한 달에 한 번 돌아가면서 가족 모임을 하기로 했다. 참 잘한 일이다. 이사를 하니 별별 생각들이 다 떠오른다. 그렇게 환경에 맞춰 살아가는 것이다.

빗속 산책

봄비가 온다. 호수공원을 우산 들고 빗속을 걷는다. 여느 때 같으면 빗속을 왜 걷지? 했을 텐데…. 오늘 아침 창문 밖을 보니 빨간우산이 걸어간다. 순간 나도 빗속을 걸어봐야지. 호수를 끼고 둘레길을 걸으며 봄을 피부로 느껴보자는 심사가 발동한다. 가끔은 이렇게 바로 실행하니 좋을 때도 있다. 현실 속에선 가슴을 조이는 문제들이 복잡하게 얽혀 어지러운데 훌쩍 호수공원으로 나를 이동시키니 갑자기 자유라는 황홀감마저 느끼게 된다. 봄비는 겨울의 잔재를 말끔히 씻기라도 하듯 주룩주룩 쏟아지는데, 차가운 기운마저 느껴진다. 벙글어진 매화 꽃봉오리에 산수유가 방긋 웃으며 해맑은 모습이 보기 좋다. 빗방울까지 맺혀 진주알을 품은 듯 더욱 영롱하다.

몇 년 전, 프랑스 보르도 자두 마을에서 맨발로 숲속을 걸으며 나 자신에 집중하는 명상걷기체험과정에 참여한 적이 있다. 걷기 하면, 보통

운동 삼아 씩씩하게 보폭을 넓게 걸으란다. 하지만 틱낫한 명상가는 지구와 키스하듯이 살살 걸으란다. 땅표면에 무수한 생명체가 있음을 인식하며 걸으란다. 걷기만 하지 말고 걷다가 멈춤을 느끼란다. 멈춤, 일상의 삶 속에서 멈출 수 있는 시간을 갖고 자신에게 관심을 두는 마음챙김(*mindfulness*) 시간을 갖는 것이다. 남의 시선을 의식하지 않고 나 자신을 돌아보고 나는 어떤 사람인가? 나는 언제 행복한가? 등을 자문해 보는 나만의 산책을 오늘 빗속 산책을 통해 오랜만에 나 자신에 빠져본다. 봄비는 더 세차게 온다. 호숫가에서 끊임없이 먹이를 찾는 물닭이며 논병아리며 조각처럼 마냥 서 있는 저 해오라기며 모두가 나의 마음을 젊었을 때 즐거웠던 기억 속으로 이끌어 황홀감에 젖는다. 행복이란 순간이다. 오늘의 빗속 산책이 그렇다. 봄비 오니 봄은 이미 와 있다. 판데믹이란 겨울도 어느새 백신이란 봄에 자리를 물려주지 않는가? *Dum vita est, spes est.*(둠 비타 에스트, 스페스 에스트) 살아 있는 한, 희망은 있다.

행복이 별거냐?

　봄이 되니 산책하는 사람들이 부쩍 늘어났다. 우리 부부도 매일 호수공원을 중심으로 산책한다. 보통 토/일요일엔 사람들이 너무 많아서 다른 코스를 택한다. 오늘은 광교중앙공원을 지나 광교산으로 통하는 둘레길을 따라 이어지는 메타세쿼이아 길이 고즈넉하게 뻗어나 있어 운치가 있다. 매화꽃이 피니 눈이 즐겁고 마음이 넉넉해진다. 길 따라 끝자락까지 가면, 프랑스 빵집/카페가 나온다. 쉬어갈 곳이 있으면 좋은 산책길이다. 카페라테 한 잔에 블루베리파이를 함께 나눠 먹으면 산책길이 더욱 향기롭다.

　주변 카페거리를 둘러보며 다시 전망대 쪽으로 올라간다. 어린이 놀이터가 젊은 엄마들 취향에 맞게 마련되어 있다. 출렁다리가 있어 아이들이 신나게 놀고 있고, 해먹에 누워 책 읽는 아이는 그림이 된다. 엄마들은 이야기꽃을 피운다. 그렇게 산을 거슬러 돌아 다시 산 아래 벤치에 앉아 쉰다. 마침 젊은 부부가 앉은 자리 옆에 우리도 앉아 햇볕을 맞이한다. 봄 햇볕은 기분을 좋게 해준다. 잠시 스마트폰 카톡을 만지작거리다가 다시 작은 언덕배기 길로 올라간다. 언덕을 다 오르니 온통 쑥밭이다. 아내와 난 두말없이 쑥이 부르는 곳으로 간다. 엉거주춤 쑥을 캐다가 허리가 아프니 펑퍼져 앉는다. 실은 쑥을 캐는 것이 아니라 쑥을 싹둑싹둑 자른다. 아내는 준비성이 많은 사람이라 작은 가위로 쑥을 싹둑싹둑 자른다. 난 엄지와 검지 가위로 쑥을 잘라 비닐봉지에 담는다. 낙엽 속에 웅크려있는 녀석들이 제법 잘 생겼다. 말도 없이 쑥닥쑥닥 잘라 넣는다. 아내는 한자리에 앉아 방향만 틀고 난 이리 갔다 저리 갔다 한다. 쑥을 캐는 데도 다 성격 나름이다.

오늘 저녁은 쑥국을 끓여 먹자고 하니, 벌써 쑥 향기가 물씬 나는 쑥국이 눈에 선하다. 강남에 살 땐 이런 재미를 보지 못했는데 이곳으로 이사 오니 직접 캔 쑥으로 쑥국을 끓여 먹는 소소한 행복을 누릴 수 있구나, 행복이 별거냐?

웬 떡인가?

가끔은 떡 먹는 일상이 즐거움이다. 떡은 맛으로 먹는 간식이다. 그러나 누구나 떡을 좋아하지는 않는다. 호박떡, 찹쌀 팥떡, 또는 콩떡은 그 맛이 일품이고 말만 들어도 침이 나올 정도다. 게다가 살짝 구운 가래떡을 꿀에 찍어 먹으면 그 달콤한 맛이란 어찌 잊으랴! 떡은 쌀을 주식으로 하는 지역에서 먹는 간식으로 안성맞춤이다.

최근 지인들과 봄나들이 가면서 들은 이야기다. 호숫가 벤치에 앉아 있던 70대 할머니가 앞에 앉아있는 70대 할아버지한테 떡을 권해서 맺어진 제2의 아름다운 인생이야기다. 마침 두 분이 우연하게도 짝을 잃은 분들로 외로운 분들이었단다. 떡을 받아쥔 어르신은 감사를 표했고 서로 대화를 나누게 되었고 그래서 서로의 입장을 알게 된 두 분은 공감대가 형성되어 다음 날도 그다음 날도 찰떡궁합으로 이어져 드디어는 두 분이 동거하게 되었단다. 슬하에 있는 아들딸도 두 분의 만남을 달갑게 생각했고 결국 남자분이 살던 아파트를 팔아 생활자금으로 하고 여자분 아파트로 옮겨 함께하는 삶을 누리게 되었단다. 이거야말로 웬 떡인가? 이 소문이 퍼져 호숫가 벤치에는 혹시 떡을 권하는 어르신들이 알게 모르게 많아지지는 않았을까?

    100세 시대가 도래하니 나이든 어르신들이 많아지고 그 가운데 혼자된 어르신들이 늘어나 외로움을 달랠 길 없이 홀로 외롭게 지내는 분들이 점점 많아지고 있다. 혹여 서로 공감하고 함께 여생을 짐이 되지 않게 함께 하는 삶이면 금상첨화일 것이다. 굳이 면사포를 쓴다거나 재산을 거론하지 않고 그냥 둘이서 친구처럼 함께하는 삶이면 좋지 않을까? 최근 통계치를 보면 독거노인의 숫자가 점점 늘어나 2023년 통계치로는 197만 여명으로 나타나 있다. 외로움도 나누면 기쁨이 될 수 있는 것, 떡으로 맺은 인연, 이거야말로, 웬 떡인가?

호수에 흰 오리를!

집오리는 청둥오리가 가축화된 것으로 잡초나 해충을 먹는 동물이다. 배설물도 좋은 비료로 쓰는 이로운 동물로 환경에 적응력도 강하고 주인도 알아보고 잘 따르는 머리가 좋은 녀석이다. 특히 어린아이들에게는 디즈니의 도널드 덕으로 친근감이 많은 애완동물이기도 하다.

작년 가을쯤 신대호수 서남쪽 모퉁이에 흰 오리 한 쌍이 등장했다. 평소에 백조가 노니는 호수를 꿈꾸어왔던 난 무척 반겼다. 대부분 호수를 산책하거나 운동하는 사람이라면 모두 한 마음이리라 생각한다. 하지만 큰 장마로 암컷이 사라지는 사고가 나고 말았다. 예기치 못한 이 일로 홀로된 수컷의 삶을 걱정하는 소리가 뜨거웠다. 특히 다가오는 겨울을 어떻게 견딜 수 있을지 모두 한마디씩 했지만 뾰족한 해결책은 없었다. 다만 불쌍하다며 먹이를 갖다 줄 뿐이었다. 시름에 빠졌던 흰 오리 수컷도 나름으로 야생오리와 잘 어울려 지내고 있다.

겨울이 오니 호수가 얼어버렸다. 얼지 않은 호수 한 모퉁이에서 물닭들과 함께 좁은 곳에서 겨우살이를 하고 있다. 쉰 마리 정도 되는 까만 물닭 속, 흰 오리 한 마리, 그는 나름의 환경 속에서 잘 적응하며 살고 있다. 아이들이나 어른들이나 흰 오리 한 마리를 보려고 일부러 이곳에 찾아와 주머니 속에 숨겨온 먹이를 던져준다. 집콕 속에서나마 산책하는 동안 흰 오리를 보고 싶은 마음은 누구나 다 똑같은 마음이리라.

이제, 우리 일상 속에 흰 오리/백조가 노니는 호수를 보며 산책할 수 있는 여유를 누릴 때가 되지 않았나 싶다. 흰 오리/백조가 노니는 호수의 이점은 우리 마음을 순화시키는 순기능적인 것들이 얼마나 많은가? 아이들 보고 착해지라는 백 마디 말보다 백조가 노니는 호숫가에서 산책하는 모습을 보는 것이 훨씬 더 큰 교육이 되지 않을까? 호수를 관리하는 분들의 노고에 박수를 보내면서 호수에 백조나 흰 오리들이 노니는 그날을 기대해 본다.

인상파 그림 같은 풍경

 요즘처럼 전형적인 가을 날씨, 토/일요일이면 광교호수공원에는 한 폭의 그림같은 광경을 볼 수 있다. 코로나 감염사태로 인해 얼마나 참고 견디며 눌려 있는지를 증명이라도 하듯이 모두 잔디밭 나무 그늘에 가족 단위로 모여 한가로이 여유를 누리고 있다.
 잘 깎여진 푸른 잔디밭 나무 그늘아래 돗자리를 깔고 접이식 의자나 탁자를 설치해 놓고 준비해온 음식이나 음료수를 즐기는 여유 있는 모습, 젊은 한 쌍은 길게 누워 음악을 듣거나 책을 읽고 있고, 할아버지나 할머니가 있는 효도 가족은 챙겨온 음식을 손주들이랑 함께 나눠 먹는 행복한 분위기 속에 나들이 분위기이고 손자 손녀들은 외발 놀이기구를 타고 혼자 공원을 한 바퀴 돌기도 하고 어느 가족은 자전거 가족으로 몽땅 자전거를 타고 호수를 돌며 즐기고 또는 아빠랑 배드민턴을 하거나 연을 날리거나 잠자리를 잡거나 모두 여유롭게 분주하다.

재미난 밭 인공바위 오르기에는 꼬마들까지 구경하느라 바쁘다. 벤치에 자리 잡고 앉아, 난 잠시 높은 하늘을 바라보며 70년대 파리에 있을 때 파리 서남쪽 국제기숙사촌 가까이에 있는 몽수리공원에서 무척이나 부러워했던 그 광경이 오늘 호수공원 잔디밭 어디든지 펼쳐져 있는 것을 음미한다. 잠시 내가 파리 몽수리공원에 와 있는 것은 아닌가 하는 착각이 들 정도로 분위기가 너무도 유럽답다. 광교 중앙공원 쪽으로 산책을 이어가지만, 그곳에서도 마찬가지의 풍경이다.

여가란 무릇 여가시간에 이뤄지는 활동이듯이 젊은 부부는 아이들이랑 함께 놀아주며 가족 단위로 여가를 즐기는 모습이 자연스럽기까지 하고 한 폭의 인상파 그림이다. 이제 우리에게도 물질적 여유에다가 나름 문화적 욕구를 누리고 즐길 줄 아는 마음의 여유가 생겼다. 비록 코로나 바이러스감염사태가 극성을 부리더라도….

얼굴이 닮아가는

　호수를 끼고 있는 식당 2층. 물회를 한 사발 시켜놓고 아내랑 둘이서 나눠 먹는다, 아내는 물회 소리만 들으면 자다가도 깨어나는 사람이다. 백운호수가 쬐끔 보이는 자리에 무게 잡고 앉아 있다. 토요일 오전, 코로나 19로 집콕하던 부부들이 맛집으로 몰려나왔나 보다. 비는 주르륵 오는데 주차관리인들이 정신이 없다. 사람들이 많아 주차하는 동안, 아내가 2층에 자리를 잡는다. 이것 또한 작은 행복이다.

　서울태생인 난 대구에서 직장생활 할 때, 처음으로 포항 죽도시장에서 물회를 먹어보았다. 그 뒤 서울에서 내려오는 아내를 죽도시장으로 모시게 되었고 물회를 죽도록 사랑하게 된 계기가 되었다. 제주도로 휴가 갔을 때 마침 자리돔 축제가 있었다. 그 자리에서 우린 자리돔 물회를 맛보고 이 맛이야 하며 그 뒤 제주도에 가게 되면 자리돔 축제 기간에 맞춰서 가곤 했다. 그리고 어느 해 여름 정동진 바닷가 작은 식당에서 얼음 가루 물회를 못 잊어 두 끼를 계속해서 먹었던 추억도 아직 살아 있다.

　물회는 바쁜 어부들이 배 위에서 간편 식사로 시작된 음식이란다. 해산물을 잘게 썰어 파, 마늘, 배, 양파 등 갖은 채소들과 함께 매콤하게 양념해 찬물을 부어 먹는 생선회 요리로 경상도, 제주도, 강원도의 향토 음식이다. 종류도 오징어물회, 포항물회, 자리돔 물회, 굴 물회 등 다양하다. 1970년대부터 일반 대중에게 판매하기 시작했단다.

　지역이 다르면 음식문화도 다르다. 경상도 출신인 아내랑 서울태생인 나는 결혼 초, 음식문화의 차이로 작은 갈등이 잦았다. 생선회를 못 먹었던 난 지금은 생선회를 제일 좋아하게 되었고 사시사철 물회를 즐겨 먹어, 얼굴이 점점 닮아가고 있는 중….

벌써 입동이란다

　벌써 입동이란다. 여름 내내 풍성했던 나뭇잎들이 한껏 자태를 뽐내고 있다. 붉은 단풍이 제철을 만났구나. 소방차를 불러야 할 모양이다. 스마트폰에 담기 바쁘다. 아파트단지에서 조금만 벗어나도 대왕참나무 가로수가 줄지어 서 있다. 파릇파릇한 녀석에서부터 붉게 물든 녀석까지 눈을 어디에 둘지 모른 지경이다.
　호수로 이어지는 야트막한 언덕엔 억새가 무리지어 바람을 탄다. 손주 업어 재우는 할머니처럼 이리저리 흔들거리는 느림 춤을 추고 있다. 피곤한 몸이라면 덥석 누워버릴 것만 같은 푹신한 솜이불처럼 마냥 부드러운 한가로움이다. 부들 열매가 그대로 달려있어 엄마랑 산책 나온 아이가 부들 열매를 소시지로 착각한 모양이다. 굳이 따달라고 떼를 쓰니 부들부들 떨 수밖에 없는 상황도 일어날 수 있으리라. 늦게 피어난 수련꽃도 아랑곳없이 물닭 한 쌍이 촐싹대며 먹이 사냥에 바쁘다. 물닭은 언제 왔지? 억새 무리 옆에 갈대 무리가 먼지떨이처럼 생겨 미세먼지를 터는지 흔들림이 억새보다 커 보인다. 왜가리는 물고기 잡아먹고 왜 하얀 똥을 싸놓았는지?

공원 잔디밭에 낙엽이 수북이 쌓여있다. 오늘이 입동이란다. 한 해를 마무리해야 할 때가 온 모양이다. 나뭇잎처럼 제 할 일 다 하고 미련 없이 이별을 고할 자격이 있는지? 단풍나무처럼 한껏 뽐내면서 후회 없이 잘 있어 나무야! 하고 떠날 수 있는지? 어린아이들은 낙엽도 상관없이 뛰어노는 모습이 참새떼 같다. 어른들만 두툼한 옷이 무거워 보일 뿐이다. 하늘은 한없이 높기만 하다. 헬리콥터 한 대가 시끄러운 소리를 꼬리에 달고 어디론가 날아가고 있다.

인생은 여행

　사회복지사한테서 전화가 왔다. 특강 관련 메시지를 확인하셨느냐며 용건을 말한다. 여태껏 봉사해온 강의 스타일과는 다른 형식의 강의를 해주셔야 한단다. 추천하는 강의 방식은 온라인 수업이다. 수강인원도 지금까지 해온 인원의 3분지 1에 해당하는 10명이란다. 여태껏 당연하다고 생각해왔고 으레 해왔던 것들이 코로나 19가 쓸어가 버린 셈이다. 그동안 해온 스타일은 수강생 30여 명이 세미나실을 꽉 채워 강의하는 사람이나 수강하는 분들이나 모두 나름 만족해왔는데, 이번에는 10명의 수강생으로 사회적 거리를 지키면서 강의를 해야 할 판이다. 어찌 될지 궁금하기도 하다. 분명한 것은 학습효과가 줄어들 것이며 재미도 없을 것이다. 권장하는 온라인강의는 지식습득을 최우선으로 하는 방식이다. 여러 가지로 익숙지 못한 어르신들한테는 불편하기까지 할 것이 뻔한 일이다. 더구나 복지관 문화라는 것이 서로 만나서 수다도 떨고 차도 마시며 교류하는 문화라고 한다면 온라인 수업은 과연 어르신들이 어떻게 적응할지 걱정이 앞선다. 물론 시대적 변화에 적응해야 하는 당위성도 있지만, 어르신네들의 문화도 무시할 수 없는 쉽게 바뀌지 않는 문화적 습성도 유념해야 할 것이다.

코로나 19로 코로나 이전과 이후의 변화가 너무도 급격하게 이뤄지기에 어르신 관점에서 얼마나 빠르게 적응할 수 있을지 의문시된다. 한편, 변화에 따를 수밖에 달리 방법이 없다는 점이다. 코로나가 가져온 변화는 사회를 아주 다르게 만들겠지만 결국 코로나 사태를 극복하는 것, 또한 우리 스스로 참여하느냐 마느냐에 달려있다. 특강 〈인생은 여행이다〉는 2014년부터 강의해오고 있는데 이번 9월이 큰 고비를 맞게 되었다. 그렇지만 파도가 두렵다고 배가 항구에만 머문다면 무슨 의미가 있겠는가?

집콕 속에서 하는 여행

　버릇이란 참 묘한 것이다. 사주팔자에 역마살이 끼어있어 집에만 있지 못하는 운명을 타고난 내가 코로나 19사태로 아내와 삼 개월째 집에서 보내고 있다. 온종일 함께 지내다 보니 계획을 짠 것도 아닌데 일정이 이뤄진다. 아침 먹은 후에는 각자 자기 일을 하고 점심 먹고 나서는 낮잠을 자기도 한다. 그리고 흘러간 영화도 가끔 본다. 〈오만과 편견〉, 〈가스등〉, 〈카사블랑카〉, 〈더 콘서트〉 등 추억 속에 푹 빠져 버린다. 영화감상은 우리 부부의 취미이기도 하다. 저녁을 먹고 나서는 산책한다. 일주일에 서너 번 하던 산책을 아예 매일 산책하게 되었다. 다행히 아파트 문을 나서면 호수공원으로 이어진다. 봄철엔 숲속에서 들리는 딱 따그르 딱새 소리는 산책을 기분 좋게 해준다.

　은퇴 후 봉사하며 지내왔다. 책은 서가에 쌓아놓기만 했는데 이번 집콕하면서 책을 다시 정리해놓으니 책들이 살아서 방긋이 웃는 것 같아 기분이 좋다. 또한, 책꽂이에 얹어놓은 작은 물건들도 내 손에서 멀어졌던 것들을 다시 보게 되고 젊었을 때 여행하면서 모아온 작은 수브니르(souvenirs)들이 그냥 놓인 물건에 지나지 않았던 것들인데 닦아주고 쓰다듬으며 혼을 다시 불러내었다. 물건 하나하나에 에피소드가 있어 추억여행에 동참하는 계기를 마련해 주었다.

    음악이 아름다운 것은 쉼표가 있어 아름답다고 하지 않는가? 그동안 봉사한답시고 바삐 살아왔는데, 그 바쁜 일정을 뒤로하고 잠시 쉬어가는 삶의 지혜를 코로나 사태로 재정비할 수 있음이 다행이다. 이처럼 코로나 사태 같은 어려움에 부딪히게 된다고 하더라도 일상의 작은 일에도 관심을 둔다면, 풍요로운 삶의 계기가 되지 않을까?

어느 가을에

 가을이 완연하다. 아파트 앞 가로수 대왕참나무도 단풍져 대왕처럼 무게 잡고 있다. 가을 되어 낙엽이 나뒹굴면 마음은 왠지 쓸쓸해진다. 하지만 추억과 미련이 왕성해지는 그런 가을이기도 하다. 흔히 남자들이 가을을 많이 탄다고 한다. '은밀하고 변함없는 내 사랑은 항상 미소 짓고 삶에 감사드린다'라며 '그대가 불렀던 그 노래를 언제나 듣고 있을 거'라고 멀리서 이브 몽땅의 고엽(미국 작사가인 조니 미서가 *Autumn Leaves*로 번안해 더 유명해진 곡)이 부드러운 음성으로 읊조리고 있는 것 같다. 가을 하면 버버리 깃을 한껏 치켜세우고 단추를 풀어 제쳐 가을을 품듯이 숲속을 걸어가면 한 폭의 수채화가 걸어가듯 한, 그 어느 날의 가을이 '떠나지 말아요, 잊어버려야만 해요' 라고 가을의 샹송 가수 자끄 브렐의 '떠나지 말아요' 가 가슴을 더욱 후벼 파는 계절이다. 그대 떠나지 말아요. 라고 목이 쉬도록 부르고 기도하고 싶다.

 가을은 또 에디뜨 삐아프처럼 '사랑은 아무것도 아니다. 그것을 살

수도, 팔 수도 없는 것. 사랑은 희망이다'. 가냘픈 몸매로 하늘을 찌를 듯이 부른다. 샹송은 더욱 가을을 타게 만든다. 샹송은 프랑스의 대중음악의 큰 축을 이루는 노래로 이탈리아의 칸초네와 같다. 프랑스혁명 이후 민중의 권리가 신장하자 19세기 후반부터 카바레가 생기고 카페 콘서트가 생기고 뮤직홀이 등장함으로 대중화되었다. 20세기 후반 자끄 브렐이 등장하면서 더욱 빛을 발하게 된다. 가을이 오면 한적한 어느 카페에 앉아 카페 올레 한 잔 시켜놓고 이브 몽땅의 '고엽'이나 자끄 브렐의 '떠나지 말아요', 또는 에디뜨 삐아프의 '사랑은 아무것도 아니다'를 들으며 멍때리고 싶다. 요즘 세상이 하도 어수선하니 더욱 떨어지는 낙엽이 노래가 된다. 가을이 지나면 겨울이 또 오겠지….

안즌방이(민들레)

　민들레는 동의보감에 안즌방이로 소개되어있다. 봄이 오면 노랗게 피어 행복감을 건네주는 여러해살이풀 민들레는 봄나들이 산책하다 보면 밭이나 뜰에서 흔하게 만날 수 있는 식물이다. 냉이, 쑥 그리고 민들레를 봄맞이 나물로 해먹던 어린 시절의 향수를 누구나 잊지 못하는 친근한 봄맞이 손님들이다. 입맛을 돋워주는 봄의 선물이다. 찾아보니 토종민들레는 보기 힘들고 흔히 보이는 민들레는 서양 민들레라니 풀밭에도 세상살이처럼 나름 사연이 많은가보다.
　하루의 일과 중, 산책이 유일한 즐거움이라면 그나마 다행인 셈이다. 호숫가에 자리한 아파트에 살고 있으니 집을 나서면 금방 정원 같은 뜰이요 산책로가 호수와 연계되어 있어 산책하는데 편리하다. 특히 요즘처럼 꽃피는 봄철이면 갖은 산나물들이 지천으로 깔려있어 아낙네들의 나물캐는 모습도 정겹다. 오늘은 아내와 함께 작정하고 민들레 사냥에 나선다. 쑥국을 끓여 먹으며 봄맛을 보고 행복해했는데, 오늘은 아내가 민들레를 캐러 가자며 앉은뱅이 플라스틱 의자를 대동하고 민들레가 많은 정자가 있는 공터로 간다. 정말 트로트 콘서트 관람객들처럼 민들레들이 지천으로 깔려있다. 앉은뱅이 의자에 앉아 뱅뱅 돌아가면서 민들레를 골라가며 캔다. 캐서는 뿌리에 묻은 흙을 털어버리고 대충 다듬어서 양푼에 담는다. 아내는 아내대로 난 나대로 민들레를 캐고 있으니 동네 유아반 아이들도 햇볕 따라 산책을 나왔나 보다. 선생님과 숨바꼭질한다며 빤히 보며 숫자를 열까지 세면서 숨으란다. 좋아하는 녀석을 좇아 뛰어가며 깔깔대는 모습이 민들레꽃을 닮았다.

　캐온 민들레를 열 번이나 물로 씻고 우려낸다. 제법 많이 캤다 싶었는데 삶으니 겨우 두 주먹만큼밖에 안된다. 바로 양념에 무쳐 내놓는다. 조금은 씁쓸한 향내가 짙다. 아련한 추억의 향수의 맛이다. 하루가 민들레 꽃말답다.

산수(傘壽)라오

올해 몇이요? 80이요. 아니 벌써?

　내 나이가 그리되었다. 요즘 우리 사회가 노령사회에 진입되었다지만 나는 거기에 끼지 않는 것으로 착각하고 살아온 것이다. 아니 누구라도 나처럼 그리 생각하고 살아오고 있을 것이다. 집안 어르신께서 예전에 자주 하신 말씀에 하루가 다르다는 말이 있는데, 올해 80살이 되니 하루가 다름을 실감한다. 누가 말했는지? 몸은 늙어도 마음만은 청춘이라고…. 딱 맞는 말이다. 어쩌면 모두가 맞는 말이요, 그 말이 전부 현실로 다가왔으니 이제 노인이 되어 있는 것이다. 80수는 산수(傘壽)라 하는데 글자 속을 비우면 八十이 되는 것이다. 상형문자인 한자의 뜻풀이는 재미있다. 나이로 따져 80쯤 되어야 욕심 없이 삶을 이야기할 수 있는 나이가 아닐까 하는 생각에 이른다. 傘壽의 傘자는 우산 산자로 비나 햇볕을 가리는 우산을 뜻하니 삶의 우여곡절을 다 겪은 나이를 뜻함이 아닐까? 다시 말해서 삶의 질곡을 다 보듬을 수 있는 그런 나이에 이름을 뜻하면서도 다른 한편 욕심 없이 다 비운 상태에 이른다는 나이를 말하는 것일 것이다. 이런 면에서 80살이면 산전수전 다 겪은 그야말로 삶의 도사에 따르는 나이이다. 실제로 나를 돌이켜보면, 80살이 되었는데도 아직 젊은이처럼 일에 욕심이 많고 갖은 일에 호기심도 많으며 자주 친구들과 욕지거리로 삐지기도 잘하는 그릇이 작은 그런 좀팽이 영감에 지나지 않는 그리고 또 사랑한다고 말해놓고는 손 까닥 않고 앉아 늙은 아내가 갖다 주는 삼시 세끼를 다 챙겨 먹는 못된 놀부 같은 영감이니, 어찌 나이 80 먹은 점잖은 노인이라 말할 수 있을까? 따지고 보니 이런 내가 싫을 때가 있어 백 투 더 패스트가 되어 나의 삶의 행로를 바꾸고 싶은 마음이 자꾸 생겨나고 아쉬움과 안타까움이 겹쳐 밀려오는 것은 무슨 연고인가? 이럭저럭 살다보면 미수(米壽 88)가 되고 졸수(卒壽 90)가 되어 백수(白壽 99)가 되는 것은 아닌지? 나머지 삶은 나답게 그리고 노인답게 그리고 삶답게 살기를 기원해본다.

갑자기 닥친 일

 다행이다. 거의 꼼짝하지 못하던 아내가 지팡이를 집고 조금씩 움직인다. 재활 운동하는 환자처럼 말이다. 무릎 수술이 마무리 중이다. 만일 걷지 못하고 누워있게 된다면 이를 어찌하나 생각하니 아찔하다.
 나이 드니 이렇게 내 몸 하나 움직이는 것조차 맘대로 할 수 없음인지? 몸은 점점 무거워지고 거동이 불편해진다. 어쩌다 거동이 불편해지면 우선 심리적으로 낙담해 내가 왜 이리되었지? 하는 맘부터 들게 된다. 잠시나마 걷지 못하게 된 아내를 보는 순간 여러 가지 추측들이 뇌리를 스쳐간다. 단둘이 사는 삶이니 한쪽 축이 무너지면 둘 다 무너지는 것이다. 자전거도 앞바퀴가 펑크 나면 굴러갈 수 없듯이 아내가 탈 나면 먹는 것에서부터 살림 구석구석 제대로 굴러가지 않고 삐거덕거릴 것이 뻔하다. 잠시나마 거동이 불편한 아내의 눈에는 내가 하는 살림살이가 하나부터 열까지 맘에 드는 것이 없으니…. 워낙 깔끔한 성격의 아내이니 더구나 눈 밖에 날 수밖에 없다. 침대 정리부터 아침 주스 만들기까지 일일이 거들어주어야 겨우 해내다가 실수 연발이니 이를 어쩌나 싶다. 하기야 살림을 한 번도 해본 적이 없는 삼식이 남편이 문제인 것은 사실이나 가만히 생각해보니 아내가 한 번도 가르쳐주지 않고 혼자 일등요리사 역할을 해왔으니 그것 또한 문제로다. 돌아가신 시어머니 손맛을 닮았다 해서 신나 요리하면 맛있게 먹는 남편의 식성에 박수갈채를 쳐온 터인즉 누굴 탓하겠냐마는 그래도 이제부터라도 간단한 아침 식사 정도는 빵 굽기부터 샐러드 만들기와 건강 주스 만들기를 혼자서도 할 수 있도록 가르치고 배워야 하는 당위성을 인정하게 되었다. 혼자 한 살림을 함께 나눠서 해나가는 살림의 지혜를 깨달은 셈이다. 먼저 아내가 절박한 현실을 수용하는 태도가 필요하고 노부부의 건강이란 것이 내일을 모르니 미리 준비하는 마음이 필요하다고 본다. 아파봐야 안다지만, 함께 사는 방법과 아울러 함께 혼자 사는 지혜를 깨달은 셈이다. 건강할 때 더 건강을 챙겨야겠다.

사진 정리

비닐봉지 속 사진 한 뭉텅이가 내 앞에 놓여있다. 실은 이사할 때 무겁고 두툼한 사진첩에서 떼어낸 사진들을 비닐봉지에 그동안 담아두었다. 그냥 없애버려도 아무 일도 없이 사라질뻔한 귀중한 사진들이다. 하나하나 돋보기로 자세히 들여다보니 빛바랜 추억들이 새록새록 다시 피어나는 것이다. 마치 쓰레기더미 속에서 한 송이 장미꽃 피어나듯 은은한 향기까지 나는 듯하다. 사진 자체는 보잘것없지만 그 속에 담긴 이야기들은 가치로 따지면 나름 엄청나지만, 그 가치를 나만이 안다는 것, 내가 죽으면 그냥 끝나 버리는 안타까운 추억이 담긴 그런 기록의 사진인 셈이다.

중학교 졸업 때 찍은 사진 속 친구들 가운데에는 이미 절반이나 저세상으로 가버렸으니 세월의 무상함이 묻어나고, 고1 때 친구 셋이서 무전여행 한답시고 강원도 경상도 일대를 누비고 다니며 찍은 아주 작은 사진들, 석굴암 십이지상 앞에서 미국이민 간 친구 사진은 마치 십이지상 일부 같다. 논산훈련소에서 향도로 뽑혀 소대장한테 소대원 잘 다스리라고 각목으로 10대나 맞아 한때 엎어져 잠을 자야 했던 그 시절의 사진들, 그런가 하면 카추샤 시절 버터 냄새 나는 카키 복의 늠름한 멋쟁이 군인 모습, 대학 때 불어 원어극 공연 장면들은 그때 대사가 줄줄이 이어져 나오는 듯하고, 대학원졸업 때 찍은 화장지 두루마리 칭칭 감고 찍은 사진 속엔 젊은 처자가 보이고…. 아무튼, 내 일생의 기록이 징검다리처럼 띄엄띄엄 이어지는 추억과 기록의 드라마가 고스란히 펼쳐진다. 참으로 세월의 흐름이 안타까운 것이 사진 찍을 때는 현장감이나 기록의 생생함이 있어 좋았지만, 세월이 흐르니 추억으로 감겨버린 낡은 필름처럼 누구도 관심이 없는 한 낱의 사진, 사진 정리를 하면서 혼자 웃고 혼자 울고픈 그런 시간.

　이 사진들을 과연 어떻게 해야 하나? 하나하나 편집해 동영상으로라도 편집해 놓아야 하나? 그러면 누가 관심을 가질까? 큰아들에게 맡겨야 하나? 아니다. 내 추억은 내 손에서 끝내야 한다. 걱정만 하다가 고만 비닐봉지에 다시 넣어두고 만다.

햇옥수수가 웃는다

　햇옥수수가 배달되었다. 작년에도 주문해 맛을 봤던 영월 옥수수다. 친구의 친척이 영월에서 옥수수 농사를 짓는데 코로나 때문에 힘드니 팔아주자고해서 한 상자씩 주문했었다. 올해도 50개들이 한 상자를 주문했는데 오늘 도착했다. 묵직해 들기도 힘들다. 아무튼, 받아놓고 보니 두 늙은이에게는 너무 많은 양이다. 어찌하면 좋을까? 궁하면 통한다 했던가?

　최근에 주차문제로 설왕설래하다 결국은 아들의 주차권을 우리에게 양보한 예쁜 젊은 할매가 생각났고, 함께 한 달에 한 번 밥 먹으며 수다 떠는 이웃사촌인 웃는 얼굴의 언니 할매, 그리고 텃밭 때문에 알게 된 젊은 엄마, 우선은 세 분에게 10개씩 나눠드리자며 한 시름 붙들어 매 놓고는 몇 개를 삶아 맛보니 역시 햇옥수수는 달짝지근하면서도 부드러운 맛이 여간 아니다. 두 개째 먹으며 나눠주는 게 맞는 것인지 공연히 욕심을 부려본다. 하지만 맛있을 때 나눠 먹어야 진정 나눠 먹은 것이 되는 것이다. 아내가 갑자기 바빠졌다. 우선 연락해서 소재파악을 하고는 전달하느라 바쁘다. 햇옥수수는 빨리 쪄서 먹어야 맛있다며 서두른다. 오래 놔두면 맛이 떨어진다는 말을 강조하며 먼저 주차 해결해 준 예쁜 할매를 만나 주니, 해남 고구마말랭이를 가지고 왔다면서 주고받고 한 모양이다. 이웃할매는 바쁜가보다. 시댁에 가 있다는 젊은 엄마는 저녁 늦게 도착하자마자 만나 당진 햇감자와 바꿔왔단다. 이렇듯 주고받고 하다 보니 오히려 준 것보다 받은 것이 많아졌다. 마음이 흐뭇해진다. 나누고자 하는 마음에는 상대방도 마찬가지인 것이다. 세상사가 주고받고 하는 마음이 오가고 하는 맛에 사는 것이려니 생각하니 작은 옥수수 하나가 마음을 이어주고 감사함을 주고받고 하는 매개체가 되었다. 삶은 그런대로 살 맛이 나는 법인가보다. 햇옥수수에 햇감자 그리고 해남 고구마말랭이에 이웃 언니네의 따뜻한 미소가 함께 사는 맛을 나게 해준다. 이렇듯 절로 살맛이 난다.

봄동 겉절이

우수 지나니 경칩이라, 산책하기 좋은 봄날에 아내랑 걷다가 청과점에서 어쩌다가 봄동을 다섯 단이나 사 들고 집으로 돌아온다. 아내는 바로 큰 대야에 봄동을 씻은 뒤, 썰어 양념 묻혀 두 닢 정도 싸서 맛보란다. 상큼한 봄 냄새가 고소하며 입맛을 달구어준다. 아내는 다 계획이 있었다. 플라스틱 통 크고 작은 5개에다 담아 넣고는 4통은 작은 아들에게 주고 하나는 큰 아들한테 갖다 주자고 한다.

실은 이촌동에 사는 작은 아들 가족이 코로나 확진 검사에서 양성반응이 나와 자가격리를 하게 되어 작은 아들만 우리 광교 집에서 재택근무를 하고 며느리와 두 손자가 이촌동 집에서 자가격리를 하는 상황인데, 지인들이 반찬을 건네주고 있다니 봄동이라도 감사 마음을 전해주고 싶단다. 엎친 데 덮친 격으로 큰 아들 집에서도 큰 아들이 싱가포르 출장가기 위해 검사를 받으니 양성반응이 나와 며느리와 손자도 검사를 받았는데 역시나 양성반응이 나와 자가격리상태로 돌입하게 되었단다.

우리 내외는 당황하면서도 현실을 인정할 수밖에 없었다. 뉴스에 확진자 수가 5만이라더니 갑자기 10만이 넘고 19만 명이 넘는다는 사실을 실감하게 되었다. 크게 걱정하지 말라고는 하지만 마음이 무거웠다.

봄동 겉절이 한 통과 식사 대용으로 기정 떡을 두 상자 사 들고 80대 노부부가 운전해 광교에서 강동구 상일동으로 1시간여를 운전해 간다. 전화로 도착 사실을 알려 아파트 진입할 수 있도록 조처를 해달라 하고는 14층에 사는 아들 집에 올라가 봄동과 기정 떡 두 상자를 문 앞에 놓고는 되돌아올 수밖에 없었다. 그래도 아쉬워 엘리베이터 앞에서 얼굴이나 보자 하니 빼꼼히 얼굴을 보여주고는 냉큼 들어가 버린다. 며느리와 손자의 얼굴은 볼 수도 없었다. 물건을 전해주고는 아파트 근처 커피점에 들려 커피를 마시며 두 노인네가 하늘 한 번 쳐다보고 커피 한 모금 마시며 아무 말도 없이 아들 식구가 봄동에 입맛을 되찾아 일상으로 얼른 되돌아오기만 기대해본다.

깜빡이

나이 드니 별의 별일이 다 생긴다. 눈치채시겠지만, 짐작하는 대로의 일들이다. 하지만 사람마다 경우마다 다 다른 나름의 의미가 있지 않을까? 싶어 깜빡하고 여기 적어본다. 희로애락의 삶 속에서 여태껏은 그나마 큰일 없이 남에게 폐를 끼치지 않고 그런대로 보통의 삶을 살아왔는데, 나이 드니 삶 속에서 느끼고 닥치는 것들이 어처구니없이 많아진다.

요즘 날씨가 부쩍 추워지고 있다. 시내 볼 일이 있어 외출한다. 현관문을 나서 엘리베이터 앞에 서 있다가 아차! 현관에 놓아둔 가방을 놔두고 그냥 맨몸으로 나왔음을 그제야 알아챘다. 되돌아와서는 다시 가방 들고 의젓하게? 다시 나서지만, 마음은 내가 왜? 이리되었는가? 하는 마음 쓰임이 가슴을 쓸어내고 있다. 그뿐인가? 신발 끈을 매고 산책하러 나가려고 현관문을 거쳐 엘리베이터를 타고 1층까지 내려갔다. 아차! 다시 올라와 신발 끈을 다시 풀고 책상 위에 놓아둔 장갑을 챙기고 다시 신발 끈을 질끈 맨다. 나이 들어 살다 보니 아차! 깜빡! 하는 일들이 점점 많아진다. 그냥 그러려니 하고 살아가면 고만이겠지만, 그냥 그렇게 지나치기에는 신경 쓰이는 것은 이런 상황이 건망증인지? 아니면 치매인지? 궁금하다. 나이 들기 전에는 이런 일이 아예 없었으니 뭔가 달라진 것이 사실인 것이다. 그렇다면 이를 어떻게 설명하고 이해해야 하는가? 주의산만함으로 또는 일시적인 깜빡이로 치부하면 될 것인가? 일시적이라면 또한 괜찮다 하겠지만 횟수가 자주 일어난다는 생각 속에 고민이 속으로 곪아간다. 오늘 약속장소인 바둑 살롱에 미리 가 앉아 있는데 모 대학 총장까지 역임한 C 씨가 조금 늦겠다고 전화했다. 얼마 후 메시지가 또 왔다. 강남역 7번 출구에서 헤매고 있단다. 교대역 5번 출구로 와야 하는데 깜빡한 모양이다. 그도 나처럼 나이 들어 이런 현상이 생긴 것이니 나이 들면 다 이렇게 깜빡하면서도 겉으론 점잖게 사는 것은 아닌지?

쫄지 말자

　70년대 중반 유럽에 첫발을 들여놓은 경험으로는 우리나라와 아주 다른 생활양식에 적이 놀라지 않을 수 없었다. 한마디로 일과 휴식을 철저히 구분해 살고 있다는 사실이다. 당시 우리나라에서는 최우선이 일이었고 장시간의 일자리라도 가족들 입에 풀칠하기 위해선 불만이 있어도 일하곤 했다. 일요일에도 일하는 경우가 많았다. 한데 프랑스 유학생으로 간, 내 눈에 프랑스인들은 토요일과 일요일을 철저히 가족과 함께 자유시간을 즐기고 있음을 보고 무척 부러웠다. 놀면서도 왜 이들은 이렇게 잘 사는가? 벤치에 앉아 눈시울이 뜨거울 정도였다.

　이젠 우리들의 생활상이 그때와는 사뭇 다른 상황이 되었다. 우리들의 형편이 나아져 어디를 가나 잘 사는 모습이 눈에 띄게 달라졌다. 자동차 없는 집이 없고, 웬만한 가전제품은 다 있고, 한마디로 의식주가 놀랄 정도로 바뀌었다. 70년대와는 완전히 바뀌었다. 이렇게 생활상이 바뀌니 생각도 바뀌어 세대 간의 차이도 크게 달라졌다. 기성세대는 완전히 꼰대가 되어 본받을 존재가 아닌 성가신 존재로 전락해 버린 꼴이 되었다. 한마디로 권위가 땅에 떨어졌다.

어느 가정이든지 간에 처음엔 외국 사위나 며느리를 달갑지 않게 생각하다가도 금방 그들이 좋고 그들을 이해하고 사랑하고 있음을 알 수 있다. 특히나 처음에 반대한 경우 대부분 남의 눈 때문에 걱정이었던 생각이 바뀌어 남보다 나를 앞세우는 가치관으로 의식이 바뀌어 이제는 오히려 외국 사위나 며느리 본 것이 자랑스러울 정도이니 참으로 세상이 많이 바뀌었다. 우리나라가 이제는 우물 안 개구리가 아닌 국제사회의 일원으로 당당히 자랑할만한 나라가 된 것이다. 이젠 쫄지 말고 국제사회의 일원으로 떳떳하게 나를 세우며 살아갑시다.

요당리 성지

요당리 성지에 가고 싶단다. 가자고 한 것이 아니라 가고 싶단다. 얼마 전부터 지인이 다녀온 요당리 성지가 예쁘다는 소리를 여러 번 하기는 했지만, 오늘 아침처럼 당장 가보고 싶다는 이야기는 하지 않았다. 그래서 더 마음에 갈등이 인다. 딴은 오늘 다른 계획이 없음을 익히 알고 있으니 가고싶다고 한 것은 가자고 한 것과 같음이라. 오래 함께 살다보면 상대의 마음을 익히 꿰뚫고 있어 달리 도망칠 구멍이 없다. 처음엔 못들은 척했지만 금방 마음을 가다듬고 갔다오자고 말한다. 기껏해야 집에서 1시간 거리라니 먼거리도 아니니 피곤하면 얼마나 피곤하랴.

그렇게 해서 내비게이션만 믿고 떠난다. 내비게이션이란 참 좋은 여행안내자다. 어디를 가자 한들 다 해결이 되니 말이다. 누구한테 물어볼 필요도 없이 검색만 하면 약도가 쫙 나오면서 왼쪽 오른쪽 그것뿐이랴 미리 차선을 바꾸시라는 등 그냥 듣고 따라가면 도착시각까지 알려주니 정말 편리한 세상이다. 하나 더 있다. 밥 먹으러 가야 할 경우에도 주변

맛집을 검색하면 정보가 다 나온다. 디지털 세상의 편리함이란 말 해 무엇하랴? 스마트폰 하나로 다 해결되니 참 기찬 세상이다. 정을 바탕으로 하는 아날로그 세상보다 편하지만, 인간 간의 관계가 뜸하고 정이 아쉬운 그런 세상에 우리가 살고 있는 셈이다. 목적지 요당리 성지에 도착하니 우리 부부뿐이다. 월요일엔 미사가 없으니 순례자들이 피하는 요일이란다. 아내는 이미 알고 왔단다. 사람들이 없으니 오히려 성스럽단다. 사람은 없고 이름 모를 새들만이 우릴 반겨준다. 반갑다. 아무도 없는 그러나 고요하니 좋다며 잠시 묵도하고는 촛불을 켜놓고 헌금한다. 최근 직장을 옮긴 둘째 아들을 위해서란다. 마음이 편안하다. 아마도 아내가 굳이 오늘 이곳을 오자고 한 이유도 거기에 있음이랴. 아내의 마음을 읽고는 그럼 그렇지 한다. 성지를 돌아보고 약속대로 귀가 때는 아내가 운전한다. 아직은 다닐 만하다. 다닐 수 있을 때 다니는 것이 나름 행복이 아니겠는가?

빈자리

국어사전에서 동사 '비다'를 찾아보니 1) 일정한 공간에 사람, 사물 따위가 들어가 있지 아니하게 되다. 2) 손에 들거나 몸에 지닌 것이 없게 되다. 3) 할 일이 없거나 할 일을 끝내서 시간이 남는다. 라고 되어 있다. 곧, 비다는 공간과 시간이 비어있음을 나타낸다.

스페인어로 삶은 *la vida*(비다)인데 우스갯소리로 우리말의 비다는 바로 스페인어로 삶인 것처럼 삶은 어떻게 비우느냐가 문제인 것이다. 삶이 채움과 비움의 쳇바퀴라고 한다면, 한때 우리는 삶을 채우기에만 혈안이 된 시기가 있었다. 그런 의미에서 물질만능주의를 가져와 오로지 성장위주의 삶을 살았다면 지금은 어떤가? 지나친 채움으로 인해 만연된 병적인 상태에 이르기까지 된, 지금은 오히려 비워야 하는 시기에 사는 것이다. 비움이 삶의 행복을 좌우하는 잣대가 되고 있다.

오늘은 평소와 달리 퇴근 시간에 지하철을 타려고 강남역에 와있다. 혹시나 해서 노약자 표시가 되어 있는 곳에 줄을 선다. 우르르 몰려들어

가는 틈에 끼어 객차 안으로 들어가니 빈틈이 없다. 그래도 행여나 싶어 노약자석으로 가보니 빈자리가 있는 것이 아닌가? 30분 정도 타고 가야 하니 감사한 마음으로 앉았다. 한데 옆자리가 빈 채로 남아있다. 피곤한 젊은이들이 서 있지만 앉으려 하지 않는다. 의외다. 난 젊은이들의 의식을 믿고 싶다. 사회적 약속을 지킬 줄 아는 그들이기에 우리에게 아직은 희망이 있다고 외치고 싶다. 젊은이들이 너무 개인주의적이라고 떠드는 우리 세대는 무대에서 물러나야 할 시기를 놓치고 있는 것은 아닌지? 그들이 주인인 시대에 우리가 꼽사리 껴 사는 것이다. 우리 세대는 빈자리를 빈 채로 놔두지 못한다.

추위

　겨울에 날씨가 추운 것은 당연하다. 하지만, 근자에 날씨가 겨울답지 않게 따뜻해 사람들이 의아해하면서도 좋아하는 눈치다. 추우면 외출하기가 번거롭고 옷을 두둑히 입고 나가야 한다. 추위란 놈은 옷을 많이 끼어 입어도 소용없이 살갗으로 파고드는 습성이 있다. 더구나 날씨가 추우면 마음도 추워, 몸이 움츠러들어 더욱 춥게 느껴지는 법이다.

　6·25 동란 때는 왜 그렇게 추웠는지…. 지금도 그때를 생각하면 몸이 움츠러든다. 특히 1.4 후퇴 때 한강을 넘어 피난 갈 때 얼음길을 조심조심 걸어갈 때는 얼굴도 없이 추위를 막느라 온통 옷이랑 목도리를 감고 감았다. 당시엔 기온도 떨어졌지만 제대로 챙겨 먹을 수 없었으니 더욱 추었다. 마음이 추우면 몸은 더 추워지는 법이다. 생각만 해도 끔찍한 때였다.

　요즘은 난방시설도 잘 갖춰졌고 옷도 오리털이나 방열재를 활용해 추위를 이중삼중 막아주는 재료들이 많다. 신발도 털실로 신발 안을 따듯하게 해주고 모자며 장갑이며 핫팩이며 없는 게 없다. 게다가 경제적 소득이 높아져 누구나 이런 제품들을 구매할 수 있는 시대가 열린 것이다. 추우면 옷을 껴입으면 된다. 손이 시리면 두툼한 장갑을 끼면 된다. 그뿐이랴 추우면 자가용을 이용해 이동하면 된다. 이처럼 추위를 막아내고 몰아내는 방법이 다양하게 발달해왔다. 하지만, 문명의 이기가 발달함에 따라 지구의 온난화 현상이 부추겨져 오히려 인간들에게 해를 입히는 경우까지 생겨났다. 겨울이 겨울답지 않고 따뜻한 봄처럼 느껴지게 되었으니 봄도 봄답지 못하게 된 것이다. 나무 처지에서 본다면 겨울 날씨가 봄처럼 따듯하니 헷갈릴 수밖에 없을 것이다. 그러니 참을성 없는 녀석은 겨울에 꽃을 피우는 생각 없는 나무들이 생겨나곤 한다. 보기에 좋지만, 시도 때도 없이 꽃이 핀다면 생태계의 질서가 파괴되고 자연이 파괴되니 우리 인간의 삶도 파괴됨은 불을 보듯이 빤한 이치이다. 나름대로 생각해 볼 문제인 셈이다. 우리가 사는 지구가 편안해야 우리도 편안하기 때문이다.

부부의 날

　　5월 21일은 부부의 날. 기념일을 잘 챙기지 않는 나는 오늘따라 부부의 날을 말하며 점심을 사주겠단다. 해가 서쪽에서 뜰 판이다. 그렇다고 아주 무심한 삶은 아니다. 요즘 아내가 코로나 감염 후유증으로 주사 맞고 약을 먹으며 기침한다고 각방 쓰며 애쓰는 모습이 안타까워서 부부의 날을 핑계 삼았는지 모르겠다. 아무튼, 상현동 횟집으로 의견이 일치되어 그리로 간다. 초밥을 2인분 시킨다. 점심값이 5만 원이다. 그래도 참치 좋은 부위로 만든 초밥이 입속에서 살살 녹는다. 녹는 그 맛에 녹아 들어간다. 초밥 먹고 나서 아주 가끔 가는 산책길 따라 걷는다. 아카시아 꽃잎이 떨어져 마지막 안간힘으로 향기를 뿜는가 보다. 꺼져가는 불길처럼 아카시아꽃의 마지막 숨결 같은 향내가 그윽하게 산책길을 수놓아 산책자들의 마음을 먼 고향길로 이끄는 그런 기분에 싸인다. 그늘인 산책길 따라 정상까지 오른다. 오후의 그윽한 산책길 따라 맑은 공기를 가슴 깊이 들이마시며 걷고 있다. 정상에 올라 정자옆 탁자에 앉았다가 드러누워 하늘도 감상한다. 길게 뻗은 나무 그 꼭대기를 따라 하늘을 끌어내 가슴으로 품고자 한다. 강아지를 앞세워 걷는 산책자가 등장한다. 우린 슬슬 하산하기 시작한다. 한 무리의 아줌마들이 한데 어우러져 무게 잡고 사진 한 장 찍어달란다. 난 두 장 찍으면 안되느냐며 넉살을 부려 분위기를 만든다. 사진을 두 장 찍어드리니 감사하다며 마스크와 작은 홍보지를 곁들여 주며 읽어보시란다. 기회는 찬스다. 사진 찍고 나서도 홍보하는 그 정신이 대단하다.

그렇게 우린 부부의 날, 점심 먹고 산책하고 사진 찍어주고 기분이 좋아 냉큼 집으로 온다.

바지

아침부터 아내가 바지를 만지작거리고 있더니 가위로 바짓가랑이를 싹둑 잘랐다. 긴바지를 반바지로 만들기 위해서다. 그러면서 하는 말이 장모님을 닮았다며 추억 속에 바느질하고 있다. 옛 어른들이 다 그렇지만 옷이 조금 찢어지거나 해어져도 꿰매서 입을 수 있도록 손바느질을 했다. 내가 즐겨 입는 바지가 마바지라 시원하니 다른 바지가 많아도 그것 하나만 입으니 엉덩이 부분이 해어져 버렸다. 버리자고 하는 것을 반바지 만들면 좋으련만 하는 나의 말 한마디에 아침부터 바느질하는 아내가 살갑다.

지하철을 타고내릴 때 지하상가 옷가게에는 5천 원에서 만 원이라는 옷들이 널려있다. 값싸고 질 좋은 것들도 많이 있다. 나는 나 스스로 옷가지를 사지는 않지만, 어느 땐가 2만 원짜리 점퍼를 하나 사 들고 왔다. 겨울 운동할 때 입으면 좋을듯해서다. 아내는 웬일이냐면서도 좋은 물건을 사 왔다며 싫지 않은 눈치다. 아무튼, 지금은 좋고 싼 옷이 지천으로 깔려있어 조금 해어지거나 흠이 있으면 갖다버리는 것이 다반사다.

그뿐이랴. 옷장을 보면 입지 않은 옷들이 살 때 마음과 달리 그냥 옷장에서 낡아가는 녀석들이 많다. 내 경우에도 바지가 여름 바지에서 춘추 바지, 겨울 바지 등 십여 벌이 넘는다. 하지만 이상하게도 입는 바지만 계속 입게 되고 입지 않는 것은 그대로이다. 한때는 입지 않는 옷을 정리해 다른 사람들이 입을 수 있도록 옷 수거함에 갖다 놓기도 했지만 얼마간 지나면 또 옷장에 입지 않는 옷이 늘어나게 마련이다.

반나절이 지났나 보다. 아내의 바느질이 끝났다. 반바지를 입어보란다. 입어보니 편하고 시원하다. 새 바지 같아 기분도 좋다. 이렇듯 버리지 못하고 반바지 만들어 입는 것이 궁상맞은 일일까? 한번 생각해본다.

조립의자에서 얻는 행복

　H 가구 전문점에서 모든 상품을 할인 판매한단다. 코로나로 모두 힘든 와중에 가구회사도 힘든 모양이다. 서재에 안락의자 하나 있으면 책 읽을 때라든지, 잠시 휴식할 때 좋을 것 같아 오래전부터 마음에 점 찍어 둔 안락의자가 있다. 아내랑 함께 가구점에 들른다. 한데 의자값이 만만찮다. 연금생활자이니 맘에 든다고 냉큼 살 수도 없는 처지니 맘에 드는 의자를 놔두고 다른 의자를 본다. 값보다 촉감이 좋은 편백나무로 된 흔들의자가 맘에 든다. 값도 적당하고 편리하다. 한 가지 문제는 조립식이란다. 그리고 택배 기간이 좀 걸린단다. 그래도 주문하고 나니 마음이 홀가분하다.

　얼마 후 조립식 의자 세트가 배달되어왔다. 현관 한쪽에 우뚝 서 있는 모양새가 제법 사납다. 의자에 앉고 싶은 생각이 앞선다. 한데 문득 떠오르는 생각 하나. 내가 직접 조립하는 것보다 아들이 조립해주면 아들도 기분 좋고 부모인 나 또한 좋지 않을까? 그렇지만 아들이 언제 올지 모를 일이다. 그렇다고 전화로 아들을 오라고 하는 것은 앉아 절받기니 언제가 되든 기다리기로 한다. 그렇게 해서 무작정 기다리고 있다. 거의 보름쯤 뒤에 큰아들이 손주를 데리고 왔다. 옳다구나 싶어 의자조립을 부탁한다. 손자와 함께 의자 세트를 벌려놓고 함께 설명서를 읽어가며 조립하는 모습이 너무나 흐뭇하다. 바로 저것이 내가 바라는 것이란다. 하며 난 여태껏 기다림이란 어떤 보람을 느끼게 되었다. 흔히 효도하지 않는다고 불평하는 것보다 효도할 기회를 기다려서라도/의도적일지라도 제공해 주는 것이 삶의 지혜가 아닐까? 서재 안락의자에 앉아 흔들거릴 때마다 마치 아들과 손자가 함께 흔들어주는 듯 기분이 하늘을 넘나든다. 일상적인 삶의 소소한 행복이란 스스로 만들어 가는 것이 아닐까?

걸으며 만나는 것들

걷기를 생활화하니 이제는 버릇되어 버렸다. 가끔 코스를 다르게 걷기도 하고 카페에 앉아 한가로움을 즐기기도 한다. 일주일에 한두 번 정도 조금 길게 걸어가 맘에 드는 카페에서 파이와 라테를 함께 즐기는 멋도 나쁘지 않다. 이렇듯 일상을 걷기와 연계지어 살다 보니 나이 들어 생기는 여러 가지 잔병도 줄어드는 것 같으니, 이제는 아예 걷기예찬자가 되어버렸다.

오늘도 숲길을 걷는다. 시린 하늘이 높다. 가을 억새는 탐스럽기까지 해서 경탄해 마지않았으나 겨울 억새는 너무 앙상해 마음이 시리다. 갈대도 마찬가지다. 오늘은 왠지 억새밭은 지나며 마음이 더 시리다. 아무튼, 걷던 숲길 따라 계단을 올라가던 참이었다. 눈에 확 들어온 검은 고양이 한 마리. 요 녀석은 기럭지가 더 길어 보였다. 그럴 것이 마침 낮은 포복 자세로 뭔가를 사냥하고자 몸을 한껏 낮추며 살금살금 기어가고 있었다. 난 멈춰서서 사태를 주시하니 상황은 이러했다. 콩새 떼들이 낙엽 쌓인 곳에서 먹이를 찾고 있는데 그때를 검은 고양이 녀석이 포착한 것이다. 주지하다시피, 겨울철에는 날짐승이나 동물들이 모두 먹이 사냥에 애를 태우고 있음이 현실이다. 고양이의 행동을 예의주시하던 난 바로 두 팔을 머리 위로 뻗쳐서 크게 소리 나도록 손뼉을 치고 또 쳤다. 순간 놀란 것은 콩새 떼뿐만 아니라 검은 고양이도 놀랐다. 검은 고양이는 날 쏘아보며 콩새 사냥의 실패를 원망하는 듯하다. 누구나 이런 상황에 맞닥뜨리면 할 수 있는 행동이다. 순간 소름이 돋을 정도로 무서움마저 느꼈다. 난 고양이보다 콩새를 더 좋아한다. 설혹 고양이를 좋아한들 콩새 사냥을 그냥 보고만 있을 수 없는 일이다. 배고프겠지만 다른 먹이를 찾아보심이 어떨지? 했을 것이다. 얼른 그 자리를 피한다. 이처럼, 숲길을 걸을 땐 이런저런 우연한 일들을 만나니 그것 또한 좋다.

땡땡이친 날

 가끔은 일상에서 탈출하고픈 때가 있는 법. 우리 부부는 오늘 연필화 수업을 땡땡이치고 계획에도 없는 강화도 전등사로 차를 몰고 간다. 젊은이들처럼 차를 몰고 가며 땡땡이 한번 잘했다며 기분 좋아하는 이 부부를 어떻게 봐야 하나요?

 드디어 전등사에 도착해 주차하고 맑은 공기 들이마시며 천천히 걸어간다. 언젠가 와본 기억이 헷갈려 아내에게 핀잔을 받는다. 아내인가? 다른 여인인가? 아무튼, 전등사 숲길은 속세의 헷갈림도 자비로 봐주기에 충분하다. 사찰에 오면 왜 차분해질까? 절 안의 찻집에 들러 차 대신 기념품을 산다. 깊은 맛이 나는 차분한 사찰 분위기. 우리처럼 땡땡이 부부들이 많은가 보다. 절 안이 제법 붐빈다. 숲길 옆, 목포집에서 나물밥에 도토리묵 무침으로 행복해한다. 그리고는 집에 오니 오후 2시. 나들이하기에 적당한 거리인 셈이다.

 귀가해 휴식하기도 전에 리스본에 사는 또나 선생이 왔단다. 스페인어 공부하던 팀들이 모였다. 그땐 산티아고 순례길 준비 차원에서 스페인어를 배우는 편이 좋겠다 싶어 일주일에 한 번 미술관(米術館)에 모여 세뇨르, 세뇨리따를 열심히도 배운 그런 동지? 들이었다, 하지만 산티아고 순례길을 걸은 사람은 우리 부부와 두서너 명뿐이고 나머지는 일상에 파묻혀 아직 가지 못한 상태다. 어쨌든, 대부분 다 모였다. 리스본으로 시집간 또나 선생은 고대로인 것 같다. 책 출판차 일시귀국한 그녀는 여전히 열심히 살고 있다. 가로수길 누이네 전(煎)집에서 한참 어린 젊은 친구들이랑 담소하니 마냥 즐겁기만 하다. 막걸리와 안주를 곁들여 춤추듯이 다양한 주제들이 스텝 밟기에 바쁘다. 어느 쯤엔가 우리 부부는 전등사 갔다 왔더니 피곤하다며 자리를 먼저 뜨는 예의? 를 갖춘다. 나오며 계산하려니 자기 동네라며 굳이 우기는 힘이 대견하기도 하다. 가끔은 져주는 것도 나쁘지 않으리라. 땡땡이친 하루가 땡땡이치지 않은 하루보다 더 풍성하다.

봄나들이

안성 묵밥 집을 찾아 나선다. 코로나 판데믹으로 집에 있는 일이 대부분인 요즘 모처럼 길을 나선다는 것만으로도 마음이 확 트인다. 말인즉 묵밥 집을 찾아 나서는 것이지만 묵밥보다 실은 드라이브가 더 바람인 것이다. 우리 부부만 묵밥을 좋아하는 것이 아닌가 보다. 금방 손님들이 식당 홀을 꽉 메운다. 함께 먹는 묵밥이 맛이 있다. 배부르니 근처에 있는 금광 호수로 내달린다. 우리가 잘 아는 화덕피자 집이 금광 호수 근방에 있단다. 굳이 네비도 찍지 않고 금광 호수 표지판만 보고 달린다. 꽉 짜인 계획이 아닌 헐렁한 어림으로 드라이브 삼아 달리는 맛도 괜찮을 때가 많다. 우연히 박두진 청록파 시인의 둘레길을 만난다. 호수를 끼고 이어지는 호젓한 둘레길은 이른 봄철 나들이하는 산책자들을 감흥시킬 만하다. 박두진의 시편(詩篇)들이 드문드문 나무에 걸려 전시되어있어 보기에도 좋다. 발길 따라 호젓이 걷는 기분이 나쁘지 않다.

실은 박두진 시인은 이화여대 뒤편에 자리한 대신교회 다닐 당시에 같은 교인으로 특히 사모님과 가까이 지낸 아내의 말에 따르면, 박 시인은 이곳 시골집에 혼자 계시면서 시를 쓰셨단다. 주말부부로 지내셨는데 어느 날 밤중에, 아들과 며느리가 아기를 안고 시어머니(동화작가)한테 와서는 우윳값도 없다며 울음을 터트린 아들과 며느리에게 너희들 문제는 너희들이 스스로 해결하라고 냉정하게 되돌려 보내고는 혼자 눈물을 흘리셨다는 일화가 당시 회자(膾炙)될 정도로 자식 교육을 냉정하게 확실히 하셨단다. 오냐오냐하며 자식들을 어르며 받아주는 것보다 엄격하게 처신한 그분의 이야기를 하면서 계속 걸었다. 해산정이란 곳까지 걷고는 되돌아왔다. 그리고는 바로 화덕피자 집으로 간다. 라테와 피자 한 판으로 추억을 더듬는다. 그 언젠가 베네치아 여행 때, 며칠을 생 마르코 광장 어느 골목에 있는 화덕피자 집에서 피자만 며칠을 먹었던 때가 떠올랐다. 묵밥 찾아 나선 것이 화덕피자에 금광 호수 둘레길까지 활력 넘치는 봄나들이가 되었다. 판데믹을 슬기롭게 견뎌내며 살아가야지 하는 마음이 솟아난다.

눈 위에 써놓은 선물

눈이 왔다. 겨울 가뭄을 해소해주는 반가운 소식이다. 하지만 출근 차량은 몸살을 앓는다. 도로 위 제설작업이 제 때에 실행되지 않아 눈 쌓인 도로 위를 미끄럼 타며 출근하다 도로 위에서 충돌해 차를 그냥 놔두고 출근하는 사람도 있다니…. 폭설이 오니 한쪽은 좋다 하고 한쪽은 야단들이고 마치 인생사처럼, 두 쪽으로 갈려 갈등을 이루니 이를 조정하는 힘이나 제도가 정치라는 괴물이 아닌가? 싶다. 정말 정치를 잘해야 나라가 제대로 굴러가는 것이 아닐까? 아무튼, 눈으로 세상이 하얘졌다. 실생활은 힘든 면도 있지만 보기에는 나뭇가지가 포인트를 주어 눈 풍경이 더 보기 좋다. 용기를 내 산책한다. 원래는 서너 시쯤에 하던 산책을 오늘은 눈에 끌려 오전에 그것도 남들이 발자국을 남기기 전에 우리의 발자국을 남기려는 재미? 로 뽀드득뽀드득 소리가 등산화 밑에서 발걸음을 옮길 때마다 선명하게 들리니 눈길 걷는 재미가 쏠쏠하다.

11월 24일은 우리 부부의 결혼기념일이다. 어느 해, 눈이 제법 많이 왔다. 아파트 7층에 살 때 밖을 내다보니 하얗게 눈 세상이다. 순간 재미나는 생각이 머리를 스친다. 아파트 아래 이삿짐 나르는 자동길에 쌓인 눈 위에 나뭇가지로 *CS Chung, Je t'aime.*라고 써놓고는 얼른 7층으로 다시 올라와 아내에게 길바닥에 써놓은 글씨를 보라고 하니 아내도 금방 알아보고는 좋아한다. 결혼기념일 아내에게 보내는 눈 위에 써놓은 큰 선물이 되었다. 아내를 기쁘게 해주었으니 나 또한 기분이 좋았다. 눈이 오는 날이면 누구나 지나간 아름다운 추억을 되살리고자 한다. 20대 때 눈 오는 성탄절에 남녀 밤새우며 놀던 철없던 그때 그 시절, 난 나이 들어서도 아내에게 나름의 추억거리를 만들어주어 눈에 감사를 드린다. 눈이 많이 와서 슬픈 사람도 귀찮아하는 사람도 있겠지만 또한 눈이 와서 즐겁고 재미있는 추억을 만들어 좋은 사람도 있다. 주어진 환경을 어떻게 긍정적으로 살려 살아가느냐가 관건인 셈이다.

8천 원의 행복

　어제는 무척 바빴다. 나이 들면 진료받고 약 타오는 일이 일상이다. 요즘은 3개월에 한 번씩 정기적으로 진료받는다. 노인들은 약으로 산다는 말이 맞는 말이다. 약이 하도 많아 배낭을 아예 메고 간다. 약봉지 들고 지하철을 타면 괜히 창피하기 때문이다. 오늘은 조용히 컴퓨터 앞에서 자료를 정리하며 지내고 있다. 돌이켜보면 70여 년 전 서울수복이라는 역사적인 날인데도 방송이나 신문 어디에도 보이지 않는 9.28 수복 다섯 글자. 실로 9월 26일 후퇴하는 인민군과 격퇴하려는 유엔군과 국군 간에 신촌 일대에서 벌어진 연희전투는 치열했다. 그 때문에 아빠가 손수 지은 우리 집 한옥이 하룻밤 사이에 불타 없어졌고 하룻밤 사이에 갈 곳 없는 거지 신세가 된 우리 집 역사를 난 잊을 수가 없다.

　아내가 느닷없이 모래 친구 모임 장소가 의왕시 어느 식당인데 혼자 차를 몰고 가자니 생소한 곳이라 미리 탑사를 하면 좋겠단다. 라테 한

잔의 달짝지근한 거래다. 티맵을 확인하니 그리 멀지 않은 곳이다. 하지만 처음 가는 곳이고 혼자 운전해가야 하니 미리 가보는 것이 상책이다. 해서 아내가 운전하는 차를 타고 가본다. 목적지는 시골 풍경이 완연한 곳에 레스토랑이 너른 소나무밭 속에 다소곳이 자리 잡고 있다. 라테 한 잔을 시켜 마시며 확인했으니 이제 집으로 가려 한다. 아내는 길가에 차려놓은 간이 텃밭 채소판매대를 확인하고 애호박, 호박잎, 그리고 상추를 사겠단다. 마침 여주인이 나오더니 상추는 밭에서 직접 따가도 된단다. 4천 원어치가 한 소쿠리, 우리 부부는 상추 따는 재미에 쏙 빠졌다. 부드럽고 싱싱한 상추가 저녁상에 오를 것을 생각하니 저절로 신이 난다. 애호박, 호박잎 그리고 상추 모두 합해서 8천 원이란다. 채솟값이 비싼 요즘 횡재했다며 아내는 춤이라도 출 것처럼 행복해 한다. 9.28 수복일에 뭔가 허전했는데, 채소라도 한 소쿠리 담아오는 행복이 있어 나름 넘어간다.

괜한 짓

거실 양지바른 곳에 이사기념으로 아이스톤이 자리하더니 호접란이 뒤를 이어 자리 잡고 그 뒤를 이어 백세란. 백세란은 ○○ 메밀 집 주인이 선물해준 것으로 제법 이름있는 집안의 란이다. 그리고 돌나물 작은 화분 둘이 있다. 아내랑 산책하다가 몇 뿌리 뽑아온 말하자면 길거리 캐스팅해온 녀석들이다. 제법 잘 자라 두 화분에 록가수의 머리털 모양 길게 늘어지게 자랐다. 양지바른 곳이라 화분들이 아주 잘 자란다.

사람은 가끔은 다른 짓을 하고픈 충동이 일어나곤 하나 보다. 두 화분 가운데 하나를 싹둑싹둑 가위로 잘라주었다. 마치 군대라도 들어가는 청년의 머리를 자르듯이 말끔하게 자르니 제법 시원해 보이는 것이 마치 내가 이용원에 다녀온 듯하다. 두 개의 화분을 다 그렇게 할까 하다가 혹시나 아내가 어떤 반응을 보일지 몰라 하나는 그대로 놔둔다.

아내가 외출하고 돌아왔다. 닭강정까지 사와 맛있게 먹고 마시고 티브이를 보고 있다. 아내는 아직 눈치를 채지 못했다. 내가 화분을 가르키며 시원해 보여 좋지? 하니 아내는 버럭 화를 내며 괜한 짓을 했다며 도대체 그렇게 오래 살아도 맞는 것이 하나도 없다며 한마디 더 한다. 내가 아내의 마음을 몰라준단다. 난 잘 아는 줄 알고 사는데…. 남들이 멋있는 커플이라고도 해서 그런 줄 알고 사는데 아직도 아내는 아닌가 보다. 그러면서 화분을 들고 안방 정원 한 모퉁이로 귀양을 보낸다. 꼴도 보기 싫다는 말이다. 말인즉 내 꼴도 보기 싫다는 말이렷다. 하루를 잘 보내고 싶었는데 고만 이렇게 되고 말았다. 여자의 마음은 갈대라더니 요즘 갈대가 삐쩍 말라 보기가 좀 그러하다고 했더니…. 이 사달이 나고 말았다. 50년 가까이 함께 살아도 여자의 마음은 항상 변하는 푸른 하늘의 구름 조각처럼 떠다니는 구름이어라. 여자의 마음은 갈대와 같이 떠다니는 구름이어라.

나이 탓일까?

　사람마다 나름의 특성이 있다. 어떤 사람은 친구들의 전화번호를 줄줄이 외우는 달란트를 가졌고, 어떤 이는 식구들 생일이나 기념일들은 달력에 적어두지 않아도 기억해내는 저력을 가지고 있다. 아내는 후자에 속하는 달란트를 가지고 있어 여간 자랑거리가 아닐 수 없다. 아마도 장남에게 시집와서 대소사를 모두 꿰고 있는 능력이 생긴 것은 아닌지? 아니면 엄한 홀어머니 밑에서 훈련? 받은 것 때문일까? 젊어서는 힘들었다지만 나이드니 그것도 사랑의 한 방식이려니 하며 모두 수용하는 태도를 보여 내 딴엔 솔직히 마음이 흐뭇하다. 누가 나이 듦이 익어가는 것이라 했던가? 아내는 확실히 익어가고 있음이다.

　며칠 전에 이런 일이 일어나 가슴 한편 어두운 그림자가 그려졌다. 장모님 기일(忌日)이 일요일인데 저녁 먹고 티브이 보며 휴일답게 보내고 있다가 카톡을 확인하던 중, 아내가 갑자기 울상을 하며 장모님 기일을 잊어먹었다며 어찌할 줄을 모른다. 그렇다. 난감한 일이 벌어진 셈이다. 아직 80살도 안 되었는데 어머니 기일도 잊는다면 이를 어찌해야 하나? 그럴 수도 있다고 하면 그럴 수도 있겠으나 분명한 것은 그럴 수가 없는 일이니 당황하고 자신을 원망하고 어떤 죄책감 같은 감정을 갖게 되는 것이다. 이럴 때일수록 차근하게 행동하는 편인 난, 얼른 조촐하게 촛불 켜놓고 추도기도를 드리자고 제안한다. 나름 내 의견이 괜찮았는지 아내도 사과, 대추 등 있는 과일을 챙겨 식탁에 차려놓고 추도기도를 드리자고 한다. 차린 것은 조촐하지만 마음만은 경건하다. 그래도 기일을 넘기지 않아서 다행인 셈이다. 장모님, 잘 계시지요? 다시 만날 때까지 편안하게 계시기 바랍니다. 중요한 것도 가끔은 잊을 때가 있으니 크게 걱정하지 않는 태도가 중요할 것이다. 사노라면 이런 일 저런 일 다 겪으면서 지내는 것, 그것이 인생이란다.

딴짓

딴짓은 다른 짓거리를 말한다. 즉, 해야 할 일을 놔두고는 다른 짓을 하는 것을 말한다. 대개는 주어진 것이 어른들이 일러준 바른 길이든지 아니면 쉬운 길이거나 아는 길일 터인데 이런 길을 제쳐놓고 알지 못하는 길, 또는 쉽지 않은 길을 추구하는 행위를 일컫는다. 대개는 딴짓은 엉뚱한 것이거나 알지 못하는 오리무중의 일일 때가 많아 일명 별짓일 경우가 많다. 해서 딴짓을 하면 범상치 않은 일이거나 심지어는 미친 짓으로 여길 때도 있다. 쉽고 아는 길을 놔두고 모르는 길을 가는 것과 같으니 말이다.

하지만 세상이 달라졌다. 아는 길을 가거나 쉬운 길을 마다하고 딴짓을 하면 오히려 엉뚱하다거나 똘아이로 취급하지 않고 오히려 별나거나 낯설거나 새롭게 여기는 새로운 가치관이 등장했기 때문이다. 요즘은 딴짓을 오히려 창의적인 것을 추구하는 일로 간주한다. 외길인생이 어리석은 것처럼 치부되는 세상이 된 셈이다. 한 가지만을 경험하지 않고 이것저것 경험을 함으로써 다양한 경험의 소유자가 되어 창의적인 일을 하거나 해서 빛을 발하는 세상이 되었다. 이처럼 딴짓을 하면 오히려 빛을 보는 세상, 가치 있는 경험을 하는 세상이 되어 주어진 삶을 사는 것보다 낯설지만 새롭고 창의적인 남이 가지 않은 길을 경험하는 길을 택하는 것이다. 일상적인 삶 속에서도 딴짓할 수 있다는 것은 그만큼 다른 생각을 한다든지 호기심이 많다든지 해서 주어진 길이나 쉬운 길보다 다른 경험을 선호하는 세대가 주목받는 세상에 우리가 살고 있다는 말이다. 결국은 딴짓하는 사람들이 옳고 그름을 떠나서 성공하고 존경받는 세상이 된 셈이다. 외길인생보다 다양한 경험을 한 사람이 보편성을 띠게 된 문화가 우세하다는 뜻이다. 하지만 딴짓하며 사는 남편/부인과 산다는 생각을 해보면 그 삶이 얼마나 모험적이고 얼마나 스릴이 있을까 하는 생각에 이르다가도 그만 딴청을 하고 싶다.

무료급식봉사

　카리타스 무료급식소에서 봉사하는 날. 한 달에 한 번 봉사하러 간다. 벌써 10년이 가까워 온다. 성당에 다니는 아내가 한달에 한번 레지오 팀과 함께 봉사하는 곳이다. 어느 날 봉사자들이 적게 나온 바람에 갑자기 오라는 전화를 받고 부리나케 달려가 하루 봉사를 하고나서부터 계속 봉사를 해오고 있다. 옷을 두툼하게 입고 집을 나선다. 봉사도 부지런해야 한다. 이미 서너 명이 와 있다. 겉옷을 벗고 봉사앞치마를 입고서 일을 시작한다. 테이블 위에 컵도 갖다놓고 식판기를 날라 가즈런히 정리해놓는다. 그리고는 일터에서의 기도문을 서로 읽고서는 잠시 쉬는 시간이다. 배식은 11시 20분에 시작된다.

　이젠 무료급식자 가운데 아는 얼굴도 많아졌다. 눈인사를 나누는 사이도 있고 인사를 해도 대꾸도 하지않는 사람도 있다. 오늘 난 홀에 서서 몸이 불편한 사람들에게 식사를 대신 타다드리는 역할을 담당한다. 2월의 추운 날씨때문인지 몸이 불편한 분들이 많이 오지 못했다. 맹인 남편과 함께 오는 부부도 오지 않았다. 얼굴이 동그스럼하고 웃음끼 많은 동안의 사나이가 날 보고는 반긴다. 그러면서 모윤숙이 너무 일찍 갔다며 조금 더 살았다면 좋은 시를 더 남겼을 텐데...하는 아쉬움을 말한다. 난 무척 놀란다. 그가 모윤숙의 시를 외우는 것이 아닌가? 그는 분명 시인임에 틀림없다. 작년에 심상 시 신인상을 받은 난 시인이란 이름이 부끄럽다. 그는 사정이 있어 무료급식소에서 밥을 먹을망정 시심(詩心)은 변하지 않는 미스터리의 주인공이다. 언젠가는 차라도 한잔하며 이야기를 나누면 좋겠다는 생각까지 한다. 시를 매개로 이야기하면 통할 것 같다. 봉사 이외에 우연한 만남의 즐거움도 있다. 오늘은 160여분이 오셔 식사하고 갔다. 모두 그 시인처럼 사정이 있어 잠시 무료급식을 하는 사람이었으면 좋겠다. 식사하고 가는 급식자들에게 핫팩 하나씩 선물하니 마음이 따듯해진다.

예쁜 코골이

　부부가 되어 함께 잠자리하며 익어가는 것이 자연스러운 것이지만 나이가 들면서 신체적으로 기력이 떨어지고 몸에 변화가 오기 시작하면서 부부간의 문제 중 하나가 잠자리를 함께하느냐 각방을 쓰느냐 하는 문제이다. 각방을 쓰는 이유는 여러 가지지만 첫째는 코를 고는 문제로 도저히 함께 잘 수 없는 지경에 이르렀다는 이유이다. 코골이와 함께 잘 수 없다는 것이다. 실제로 코를 고는 사람과 코를 골지 않는 사람이 함께 사는 경우는 각방 쓰는 것이 해결책이다. 한데 예외도 많은가 보다. 코를 고는 사람과 함께 살아오면 나름 익숙해져 코를 골아도 수면에 크게 문제가 되지 않는 부부도 있는가 보다.

　우리 부부는 아직은 잠자리를 함께한다. 언젠가부터 아내나 나나 조금 피곤하면 코를 살살 고는 횟수가 늘어났지만 아직은 각방을 쓸 정도로 심하지 않은 편이다. 코를 예쁘게 곤다고 할까? 아내가 코를 골면 살짝 터치하면 코를 골지 않는다. 예쁜 코골이이니 크게 문제가 되지 않으니 각방을 쓸 필요가 없는 것이다.

　치매도 심한 경우를 제외하고는 예쁜 치매도 있다. 몇 년 전에 돌아가신 친척분께서 점잖은 분이셨는데 90이 넘으셔 치매가 왔는데 간병인에게 해코지도 하지 않고 딴소리 정도만 하시며 어린애처럼 되어 병간호하는 데 큰 어려움이 없었다. 이를 예쁜 치매라 해서 의아해하면서도 그런 경우도 있구나 했었다.

　이처럼 코골이라든지 치매라든지 모두 나쁘고 힘든 것이라 낙인찍어버리는 경우가 일반적이다. 하지만 예외도 있다는 것을 보면 삶 속에는 알게 모르게 사실과 다른 일들이 많아 일률적으로 낙인찍어버리는 생각을 재고해야 한다.

진실, 정의, 감사

　초등학교 때 담임선생님이 말씀하신 진실, 정의, 감사는 오늘을 사는 가치관이다
　정년퇴임 후 도덕성 회복을 위해 애써오신 선생님은 최근 면민(面民)들이 주는 감사패를 받으셨단다. 그런데 1남 4녀인 자식들 누구 하나 감사패 수여식에 오지 않았다며 섭섭해하신다. 장녀는 아버지, 지금, 이 나이에 무슨 얼어 죽은 감사패냐고 핀잔을 주더란다. 섭섭하기 이를 데 없으신가 보다. 나에게 자초지종을 언급하시는 것을 보니 말이다.
　녹내장으로 눈이 잘 보이질 않고 틀니를 하신 이후로 음식을 잘 씹지 못해, 밥 따로 반찬 따로 영 밥맛이 없으시단다. 그래도 식사를 담당하는 도우미에다 청소 및 빨래 담당 도우미 그리고 목욕 도우미까지 자식들 모두 다른 곳에 살고 독거노인으로 사신지도 오래되셨단다. 도우미 덕분에 하루하루 일상을 살아가는데 가끔은 도우미 때문에 탈도 나시나 보다. 새로 온 도우미가 알로에가 좋다며 권하기에 사서 한 컵을 아침에

드셨더니 배탈이 나셨단다.

　점심을 대접하기로 약속한 상태여서 좋아하시는 장어구이를 먹기로 했으나 배탈이 나 하는 수 없이 우리가 식당에서 포장해오기로 한다. 그러나, 포장해온 장어를 저녁에도 잡수실 수 없다며 들고 가라고 하신다. 사태가 이쯤 되었음을 빨리 눈치챈 아내가 그러겠다한다.

　평소 궁금했던 것 하나를 선생님께 여쭙는다. 6학년 때 어느 날 손수 풍금을 치시면서 민요를 가르쳐주셨는데 지금도 기억하고 있다고 하면서 가만히 불러본다. 선생님께서도 바로 따라 부르신다. "젊은 머슴 밭갈다 녹슨 가락지 금가락지 한 켤레 주웠답니다. 옛날 옛적 이 땅에 숨쉬던 그때 할아버지 할머니 살았을 적에 잊지 말자 가락지 주었답니다." 힘들어하지 않으시며 끝까지 부르신다. 끝마디에선 음을 높여 부르신다. 순간 나는 스마트폰을 꺼내 들고 중간쯤부터 선생님과 함께 부르는 노래를 녹음하는 데 성공했다. 선생님의 음성을 녹음하고는 마음이 흐뭇해지면서도 한편 돌아가시면 이것이 유언이 되리라 생각하니 마음이 울적해진다.

무궁화호

　　은퇴 후 기차여행은 대부분 KTX/SRT를 이용한다. 편안하고 빠르고 게다가 평일에는 경로우대가 있어 우리 부부가 즐기는 여행방법이다. 서울에 거주할 때는 기차 이용에 큰 문제가 없었는데, 수원 광교신도시로 이사를 오고부터는 아주 불편해졌다. 수원역에서 바로 KTX를 탈 수 있는 횟수가 적고 KTX를 타려면 수원에서 대전까지 가서 타거나 용산역까지 가서 타야 하니 여간 불편하지 않다. 하지만 굳이 KTX 아니고도 ITX를 탈 수 있으니 큰 지장은 없는 편이다. 한데 수원에서 다른 지역으로 여행할 때는 그렇다 치고 다른 지역에서 수원으로 되돌아올 때는 대전까지 와서는 수원행 기차를 갈아타야 하는 번거로움이 있다.

　　7월 초 장마가 한창일 때 우리 부부는 지인과 오랜 약속 때문에 장마에도 불구하고 김해로 가기 위해 수원에서 구포까지 ITX를 타고 갔다. 무려 4시간이 걸렸다. 오랜만에 기차를 타게 되니 바깥 구경도 하며 나쁘지는 않았다. 반대로 돌아올 때는 구포에서 대전까지 KTX를 타고 대전에서 수원까지 기차를 갈아타야 했다. 아내가 대전역에서 꼭 해야 하는 일 가운데 하나가 성심당 빵을 사는 것이다. 나도 좋아하는 빵이다. 아내가 빵 사러 갈 때 난 기차표를 산다. 창구에서 수원 가는 가장 빠른 시간대 기차표를 달랬다. 나중에 확인하니 무궁화호 기차표였다. 난 대수롭지 않게 생각했는데 아내의 얼굴색이 변한다. 무궁화호 표를 사면 어찌하느냐는 것이다. 우리나라 꽃 무궁화가 어때서 말이다. 난 무궁화호를 타고 가면서 얼마나 후회를 했는지 모른다. 우선 탑승객이 많고 역마다 서는 완행열차로 몇 년 후면 없어진단다. 한데 무궁화호는 왜 그렇게 덜컹거리는지 출발할 때도 가다가도 덜컹거리니 내 가슴이 터질 것 같이 화가 났다. 아내가 화를 내는 이유를 늦게서야 알았다. 아내는 학생 때 서울서 고향 갈 때 삼랑진에서 진주까지 완행열차를 타본 경험이 많았단다. 모처럼 기분 좋았던 이번 기차여행을 무궁화호가 망쳐놓아 난 마음이 지금도 덜컹거린다.

결혼사진 한 장

    부부가 산책하다 보면 이런저런 이야기가 무궁무진하다. 연애 시절부터 결혼해서 육아 문제, 시어머니와의 애증 관계, 심지어는 부부간에도 하지 못했던 아내의 우울증으로 인한 자살 공포증까지 인생 부부자서전이 쓰일 정도다. 다양한 이야깃거리로 산책은 더욱 길어지고 벤치에 앉아 끊임없이 이어진다. 나이가 드니 흉허물없이 산책 중에 대화하는 재미가 쏠쏠하다.

    우리 부부의 결혼식은 11월 하순, 지금은 없어졌지만, 소공동 반도호텔에서 치러졌다. 친구 중에 가장 늦은 나의 결혼식은 많은 친지와 친구들 그리고 바로 직장이 명동 유네스코라 직장인들도 많이 참석해 성황리에 진행되었고 아내는 와이떠블유씨에이 규수반 친구들의 끈끈함으로 뭉쳐져 나름의 기대가 많은 결혼식이었다.

    한데 결혼식은 진행되었는데 사진 찍는 사람이 없다. 바쁜 와중에도 이를 알아차린 신랑도 어찌할 바를 모를 정도다. 폐백 시간에는 사진을 찍도록 해야지 하는 마음에 이종동생이 마침 사진기를 가져와 폐백 사진을 찍도록 했으나 이를 어쩌랴? 필름을 잘못 넣어 헛방을 찍어댔다니 입이 열 개라도 할 말이 없어졌다. 이런 연유로 설악산 경치 좋은 곳으로 신혼여행 때 주책없는 순진한 신랑은 이런 사실을 신부에게 얘기하니 신부 마음이야 오죽했겠는가? 신혼여행이 아니라 신부 달래기, 신부는 그저 울기만 했다.

안방 탁자 위에 흑백 결혼사진 한 장이 놓여있다. 처남이 우연히 찍은 거란다. 결혼 증거가 되는 사진으로 남아있는 셈이다. 세월이 약이라고 지금은 웃으며 말할 수 있지만, 그때는 정말 하늘이 노랗고 세상이 무너지는 줄 알았다. 사진 없이도 잘만 살고 있는데…. 고놈의 사진이 뭐길래 지금까지 날 울리고 웃기고 하는지….

문화적인 삶

　미술관을 가다 보면 가끔 노부부들의 그림 나들이 광경을 볼 수 있다. 명품의 옷을 입고 화장을 진하게 한, 한 쌍의 노부부는 젊었을 때부터 그림 감상을 해온 부부일 것이다. 아니면 그림과 관련된 직업을 가졌었거나 그림을 취미로 했거나 아무튼 그림 감상을 하는 모습이 여간 내 마음을 움직이는 것이 아니다. 감동을 자아내는 노부부의 그림 감상장면, 또 하나의 그림을 보는 듯하다. 삶을 여유롭게 그림 감상하며 부부가 함께 미술관 고급식당에서 점심을 먹고 차 마시며 하루를 문화적으로 사는 이들이 부럽기까지 했다. 내 눈에서는 문화적 삶을 살고 있다고 생각 들지만, 막상 그들은 일상적인 삶을 누리고 있는 것일 것이다. 문화가 삶에 녹아들어 있으니 그럴 만도 하다.

　부르즈(Bourges)시 문화의 집을 방문하고 다른 도시로 가려고 기차 시간에 맞춰 광장을 지나고 있을 때 우연히 나이 많은 머리가 하얀 할아버지 한 분을 만나게 되었다. 스케치북을 들고 가시는 할아버지가 궁금해 그림 그리러 가시느냐며 관심을 쏟으니 할아버지께서는 시간이 있으면 함께 자기가 그림 그리는 곳엘 가지 않겠느냐고 해서 즉흥적으로 함께 스케치북을 든 할아버지와 함께 아틀리에 가게 되었다. 그림 배우는 사람들이 몇 명 있었다. 나한테 스케치할 수 있는 종이를 몇 장 갖다 주면서 그림을 그려보란다. 무슨 그림이냐고 하니 함께 있던 젊은 여자 한 분이 모델이라면서 포즈를 취하는 것이 아닌가? 모두 그 모델이 포즈를 바꿀 때마다 그림을 그려나간다. 나도 다양한 포즈를 따라 그린다. 민망할 정도의 정면을 그리려니 낯이 뜨겁기도 했지만 결국은 그려냈다. 모두 내가 그린 데생을 보면서 이리저리 구경하더니 한마디로 오리엔탈 라인이라면서 그것이 특징이란다. 동양인으로서의 문화적 특징이 나타난다면서 내 데생을 이리보고 저리보고 야단들이다. 스케치북 할아버지는 파리미술대학교를 나온 분으로 아틀리에 지도 선생님이셨다. 나이 들어서도 함께 그림을 그리며 즐기고 더구나 우리 같으면 전문화가 들이나 쓸 수 있는 모델을 앞에 놓고 그림을 그릴 수 있는 분위기와 문화적 풍토 그리고 문화 수준에 난 깊이 감동하며 가슴에 고이 간직한 추억거리가 되었다.

문화의 집 여직원의 친절에 반하고 스케치 할아버지의 그림 사랑에 흠뻑 빠져 한동안 혼자 카페에 멍하니 앉아 있었다. 한참 후 무엇이 나를 또 기다리고 있을까? 하는 기대를 품고 기차를 타고 다음 목적지인 휘르미니(Friminy)와 생떼띠엔느(Saint Etienne)로 향한다.

생각하는 삶

　스위스의 80세 노인이 자신의 일생을 시간으로 계산하고 정리한 것을 낡은 일기장에서 본 적이 있다. 잠자는 시간이 26년, 식사시간 6년, 세수 시간 228일, 넥타이 매는 데 든 시간 18일, 약속 시각 기다린 시간 5년, 혼자 넋 놓은 시간 5년, 담뱃불 붙이는 데 든 시간 12일, 그중 행복했던 시간은 46시간. 이처럼 80년의 삶 속에서 행복했던 시간이 고작 46시간이라니…. 정말 놀랄 일이다. 행복이란 짧은 시간, 순간인 것처럼 80 평생도 지구의 역사에 비하면 아주 찰나의 시간임을 알 수 있다.

　올해에 80살이 된 나는 공부하고 고생한 면들을 돌아보면 꽤 긴 시간임을 알 수 있지만, 다른 한편 즐거웠던 일들을 생각하면 고생한 시간에 비해 아주 짧은 것을 알 수 있다. 그런데도 인생은 나름 아름다운 것들 때문에 살아갈 만한 가치가 있다고 생각한다. 세상이라는 무대 위에서 남녀가 벌이는 연극 같은 삶이지만 무대에서 연극을 하는 연기에 따라 희로애락이 있지만, 무대에 설 수 있다는 것과 무대에서 어떤 연기를 할 것인가는 자신의 선택임을 알기까지 많은 시간이 소요됨을 알 수 있다. 하지만 누구나 무대에서 떠나는 것은 연출자의 마음에 달려 있으니 삶은 얼마나 불안한가 하다가도 삶은 주어진 무대에서의 연기하는 기간에만 주어진 생이기에 더욱 가치가 있는 것이다. 게다가 보람된 삶을 살아가야 할 나름의 의무 같은 것도 있는 것이 아닐까? 하고 싶지만 할 수도 없고 할 수 있지만 하고 싶지 않은 이 두 가지가 인생을 구성한다는 오스카 와일드의 말처럼 알고 사는 것과 모르고 사는 것의 차이는 메마른 사막과 물 있는 오아시스의 차이처럼 엄청난 것이리라. 코로나로 오랫동안 세끼 밥만 먹고 집콕하니 별생각을 다 하고 있다.

걷기와 먹기

때가 때인지라 벚꽃 구경하러 간다. 광교산 호수 벚꽃은 3km나 뻗어나 있다. 하지만 벚꽃 구경하고자 하는 마음이 너무 일렀나 보다. 꽃봉오리 반쯤 피어나 수줍은 듯 고개를 살짝 숙이고만 있다. 그래도 봄을 맞이하려는 사람들이 많이 찾아왔다. 벚꽃 구경보다 사람 구경하는 셈이니 이럴 땐 어서 발길을 돌리는 편이 낫다. 호수 주변으로 이어지는 둘레길 산책에 나선다. 광교산 호수 산책길이 걷기에 아기자기하고 사람도 적어 기분이 좋다.

둘레길 걷고 나니 식욕이 돋는다. 산책 나온 김에 영화 〈극한직업〉에 소개된 수원 왕갈비 치킨집을 찾아 나선다. 영화를 보고 나서 수원에 갈비만 있는 것이 아니라 왕갈비 치킨도 있음을 알고 한번 가보고 싶었다. 하지만 한참을 헤맸다. 우리가 수원 토박이가 아니라서 그럴 수도 있다. 네비게이션만 믿고 갔는데 팔달주차타워라 입력해야 할 것을 팔달시장 주차장이라 했으니 헤맬 수밖에 없었다. 엉뚱한 곳으로 가게 되어 허탕을 치고 다시 찾아 나섰으니 말이다. 한번 막히면 계속 막히는 퍼지이론(Fuzzy theory)까지 나올 정도로 한동안 막연했으니 말이다.

　드디어 찾아낸 수원 왕갈비 치킨집 앞에 늘어선 줄에 우리도 선다. 유독, 이 집 앞에만 손님들이 많으니 영화를 통한 홍보 효과가 무섭다. 사람 심리는 사람들이 많이 있는 곳에 함께 있고 싶은 것이 상정이다. 그리 오래 기다리지 않아 자리에 앉으니 반반 치킨이 19000원, 강정 포장이 12000원이란다. 아무튼, 주문한 닭튀김 맛에 아내가 만족하니 나도 즐겁다. 딴은 4월 다음 가족 모임 때 우리 부부가 한턱낼 모양으로 맛있고 특색있는 식당을 찾고 있는 가운데 오늘 왕갈비 치킨 식당이 적당한지를 답사한 격이다. 짐작건대 좋아들 할 것이다. 손자들이 치킨을 맛있게 먹을 것을 생각하니 벌써 하부지 어깨가 들썩인다. 벚꽃구경갔다가 둘레길 걷고 식당 찾느라 헤맸지만, 배불리 먹고는 낮잠에 푹 빠져버렸다.

새로운 삶의 방식

코로나 판데믹은 삶의 형태를 크게 변화시키고 있다. 일상 속, 고립으로 인해 그동안 당연시됐던 가까운 사람들의 중요성이 더 커졌고 또 하나는 장기간의 고립이 오히려 삶에 대한 호기심과 배움의 기회로 이끌어 준 계기도 되었다. 이처럼, 가까운 사람들의 중요성과 고립으로 삶에 대한 호기심과 배움의 계기가 되었다는 점은 코로나 판데믹이 가져온 삶의 변화들 가운데 가장 중요한 것이다.

코로나 판데믹으로 사람들을 자유롭게 만나지 못하고 어쩔 수 없이 고립되니 일상 만나온 사람들과의 관계가 뜸해졌고 이로 인해 오히려 혼자 있게 된 고립이 점점 좋아지는 상황이 되었다. 이에 자신에 대한 발견의 계기가 되었다. 혼자 있으니 관심 밖에 있던 주변 환경에 대한 호기심으로 작은 즐거움을 누리는 기회가 되어 일상에서 누렸던 사람들과의 만남보다 심리적 만족감을 더 느낀다는 사실이다. 특히 강아지와 함께 산책하면서 강아지를 반려동물로 더 사랑하게 되니 그동안 안중에도 없던 개와 고양이 같은 동물들에 관심을 둠으로써 그간 누렸던 일상의 즐거움보다 다른 기쁨의 원천을 알게 되었다는 점이다. 이로써 그간 해온 일상의 습관적 만남이 스쳐가는 우발사건처럼 느껴졌다면 작은 식물에서나 동물에서 또는 곤충에서 발견한 것들은 호기심을 넘어 어떤 삶의 철학적 질문을 던져주는 일종의 마음 챙김이 되는 것이다, 행복하다는 느낌은 바로 느낄 수 있음이다. 이로써, 코로나 판데믹 상황에 대한 우리들의 반응은 절망적이라기보다 오히려 나에 관한 관심, 발견, 자기반성의 계기로 여기는 다시 말해서 바쁘고 습관적인 삶 속에서 한 가닥 희망이 되는 것이 아닐까? 미국 소설가 헨리 밀러는 여행의 목적지는 실제로 장소가 아니라 사물을 보는 새로운 방법이라고 한 것처럼 우리의 삶의 습관적 여정은 사람들을 만나는 것이 아니라 사람들을 만나는 새로운 방법이 중요한 것이라는 점이다.

세뱃돈

1월 1일, 미사를 끝내고 신부님이 새해에 소통의 의미로 함께 세배를 제안하셨다. 어디에서 세배를 어떻게 하는지 나름 궁금도 하지만 난 그냥 집으로 가려 한다. 하지만 아내가 그래도 새해인데 신부님과 인사를 해야 하지 않느냐며 세배하고 가자고 한다. 반대할 아무런 이유도 없어 그러기로 하고 세배하기 위해 기다리는 줄에 선다. 의외로 많은 신자분이 세배하기보다 귀가를 선택했다.

서로 자리 잡고 세배합시다 하면서 맞세배를 한다. 그런데 이게 웬일인가? 신부님이 세뱃돈을 주시는 게 아닌가? 두툼한 하얀 봉투 속에서 럭키 머니(luckey money) 2달러를 꺼내 주시는 게 아닌가? 나를 포함해 많은 사람이 달러를 받아들고 좋아하는 눈치다. 나 또한 행운의 달러라는 느낌이 든다. 여행 갈 때 1달러짜리를 지갑에 넣고 다닌 그런 경험이 살아난다. 새해를 행운의 달러로 복 많이 받으라는 의미가 담긴듯하다. 2달러짜리를 받아들고 나오면서 아내는 손자들에게 주어야겠다고 한다. 종잣돈이니 그냥 지갑에 넣고 다니라고 한다. 아내도 그편이 낫겠다고 한다. 2달러짜리는 신부님의 뜻처럼 우리들의 지갑 속에서 씨앗이 되어 앉아있다. 어떤 열매를 맺을 것인지? 에 대한 기대가 한결 부풀어간다. 정말, 이 종잣돈이 겨자씨가 되어 엄청난 부를 가져온다면 우린 금방 성당 신축헌금을 내야지 하는 생각이 떠오른다. 아하 이런 것이구나! 신부님의 세뱃돈에는 이런 깊은 의미가 숨어있구나 싶다.

　　세뱃돈을 주는 처지에서 오늘 세뱃돈을 받아보니 어릴 때 세뱃돈 받아가며 온 동네 친척 집을 돌아다니며 세배하던 때가 생각난다. 세뱃돈은 주는 것 또한 행복한 것이지만 받는 것 또한 기쁜 것이다. 각박한 세상살이에서 오늘 받은 세뱃돈처럼 즐거움을 나눠주신 신부님이 다시 보이고 크게 보이신다. 감사합니다.

한국의 행복지수

"행복은 개인적인 특성과 생존조건 그리고 고차원의 상태에 의해 결정된다." 영국의 심리학자 로즈웰(Bothwell)과 인생 상담사 코엔(Cohen)이 2002년에 이 행복공식을 발표했다. 그들이 발표한 행복공식에서 가장 중요한 요인은 생존조건이고 그다음은 고차원의 상태, 그리고 개인적 특성은 가장 낮은 요인으로 취급되었다. 생존조건의 항목으로는 건강, 돈, 인간관계이고, 고차원의 상태 항목은 야망, 자존심, 기대, 유머이고, 개인적 특성의 항목은 인생관, 적응력, 유연성이다. 이들의 중요성을 수치로 공식화한다면 5:3:1로 나타낼 수 있어 생존조건 요인인 건강, 돈, 인간관계가 개인의 특성 요인 인생관, 적응력, 유연성보다 5배나 더 중요하다고 평가된다. 하지만 행복도를 높이기 위해서는 가족, 친구 그리고 자신에게 시간을 많이 쏟을 것을 강조하고 흥미와 취미, 대인관계, 사람 사귀기, 틀 벗어나기, 운동하기, 목표 세우고 최선다하기 등을 곁들여야 하며, 특히 지난 과거와 오지 않은 미래에 집착하지 말고 오늘에 충실해야 한다고 강조한다.

최근에 유엔 산하 자문기구인 지속 가능 발전해법 네트(SDSN)에서 2022 세계행복보고서를 발표했다. 146개국의 2019~2021년도의 6개 항목, 곧 GDP, 기대수명, 사회적 지위, 자유, 부정부패, 관용을 조사해 발표한 행복지수의 순위는 1위 핀란드, 2위 덴마크, 3위 아이슬란드, 4위 스위스, 5위 네덜란드로 모두 유럽국가들이고 미국, 영국, 프랑스는 16, 17, 20위 순이다.

우리나라와 주변국들의 순위는 26위 대만, 54위 일본, 59위 한국, 72위 중국, 80위 러시아이고 이 가운데 한국은 2018~2020년도에는 62위로 이번에 3단계가 좋아졌지만 2016년 58위 2017년 56위로 조금 나빠진 셈이다. 특히 GDP나 기대수명, 사회적 지위 항목에서보다 자유, 부정부패, 관용에서 낮은 점수를 받았는데, 이 점을 우리 모두 깊이 생각해봐야겠다. 로즈웰과 코엔이 말하는 생존조건에서는 물론 고차원적 특성에서도 큰 관심을 두고 살아야겠다.

과정없는 정답

　정답은 없다, 인생에 정답이 없다고 하면 맞는 것도같고 반대로 인생에 정답이 있다고 하면 그것 또한 맞는 것 같다. 하지만, 인생에 정답이 있다면 그것은 짜여진 삶이요 내 삶과는 거리가 먼 것처럼 느껴지리라. 따라서 정답이 있고 없고는 삶의 기준이 되는 것이다. 한마디로 나다운 삶을 영위하려면 최소한 정답은 없고 무언가 하나하나 만들어가는 그런 삶이기를 바라는 삶일 것이다. 나다운 삶은 나의 행복을 전제로 하는 것이려니 곧 정답없는 삶이 나를 나답게 하는 삶일 것이요 나다운 삶을 살고자 하는 창조적인 욕구를 일으키게 하는 것이리라. 이처럼 삶은 정답이 있고 없고의 차이가 크다. 정답이 있는 삶은 예를 들어 부모가 물려준 유산을 가지고 노력없이 나름대로 편하게 사는 삶이라면 정답없는 삶은 나름 주어진 환경에 맞춰 노력하며 하나하나 이룩하는 삶의 실현인 것이다. 이처럼 삶은 무언가를 실현해나가는 삶이 가장 행복한 삶이리라. 조금만 더 깊이 들어가 보자. 실은 정답이 있고 없고의 차이보다 정답이 있다면 어떤 과정을 거쳐서 답을 추구했는가를 보는 것이 중요할 것이다. 행복한 삶은 어떤 과정을 거쳐서 어떤 삶을 누리는가를 생각하며 누려왔다면 그 삶은 나름 보람되고 의미 있는 삶인 것이다. 과정은 없고 덜컹 로또 부자가 된다고 해서 과연 행복할 것인가? 하는 문제를 깊이 있게 생각해 봐야 할 것이다. 이런 점에서 청소년교육현장에서 이런 문제를 고려해 과정 없는 답보다는 답이 빗나간다 해도 그 과정이 의미 있다면 과정 없이 답을 맞춘 것보다 더 가치 있는 것으로 평가받는 세상에 되어야 한다. 그만큼 세상이 더 발전한다 해도 그 과정을 인정받아야 실패를 실패로만 여기지 않고 다음 단계로 진입할 수 있는 능력/가능성이 있음을 증명하는 것이다.

　요즘 회자하고 있는 교권보호를 위한다고 교권침해행위자를 학생부에 기재한다면 그 학생은 한 번의 실수로 인해 인생의 다음 단계로 뛰어오를 수 없는 기회조차 잃어버리는 것이니 이를 어찌 교육의 현장에서 생각할 수 있는 것인가? 만일 그리된다면 학부모는 지금보다 더 강력하게 모든 수단을 동원해서라도 학생부에 기재되는 것만은 막으려 드니 지금보다 더 교권보호에 흠집이 생기는 것이리라. 아무튼, 끝까지 선생님들은 아이들을 교육하고 재교육시키며 온 힘을 다해야 할 것이다. 그만큼 과정 없이 정답이라고 낙인찍는다면 이를 어찌 교육이라 할 수 있는가? 교육행정가들이 할 수 있는 것을 그냥 보고만 있을 것인가? 나이 드니 그냥 걱정만 앞서고 답답하기만 하다.

미래를 심는다

　코로나가 창궐하기 전, 밴쿠버에 사는 지인의 초대로 한 달간 체류한 적이 있다. 단둘이서 사는 부부에게는 가끔 외로움도 있어 친구들을 불러들여 함께 여행도 하는 멋쟁이 부부다. 밴쿠버 주변에는 둘레길도 많다. 해서 시간 나면 함께 둘레길을 걷곤 했다. 울울창창한 숲속을 거니는 상쾌함이란 역시 나무를 잘 가꾼 덕택이 아니겠는가? 하늘을 덮을 정도로 키 큰 나무들이 빽빽하게 덮인 길을 걷자면 건강이 저절로 생기는 것 같다. 어느 날 둘레길을 걷고 있는데 서 너 명의 삼림원들이 묘목을 들고 빽빽한 삼림 속을 다니며 작은 빈터에 심고 있는 모습이 하도 이상해서, 빽빽한 삼림 속에 어린나무를 왜 심느냐고 물었다. 응답은 간단했다. 미래를 심고 있단다. 다 큰 나무가 언젠가 쓰러지면 그때 나무를 심으면 늦는단다. 미리미리 심는다니 참으로 경탄할만하다. 그런 일이 있고 난 뒤에, 나무를 심는 일도 중요하지만, 그에 못지않게 심은 나무를 관리하는 것도 중요함은 익히 깨닫게 되었다. 흔히 식목일에 나무를 집중적으로 심고는 나 몰라라 일상생활에 바빠 심은 나무를 잊곤 한다. 한마디로 너 스스로 자랄거라며 내팽개쳐놓는다. 어린나무를 심으면 잘 자라도록 챙겨주어야 하지 않겠는가? 어느 시기까지는 물도 필요할 것이고 주변에 잡풀도 뽑아주어야만 잘 자랄 수 있는 여건이 마련되는 셈이다. 심어만 놓고는 너 스스로 자랄 거라 하면 과연 끝까지 잘 자랄 나무가 몇 그루나 될까? 지속해서 심은 나무를 관리하는 일이 더 더욱 중요함을 모르는 바는 아니지만, 문제는 실행과 실천이 뒤따라야 한다는 점이다.

동네 텃밭동호회에서 관리하는 작은 텃밭에 잡풀이 무성하다. 장맛비에 조금만 소홀히 하면 잡풀은 가만있지를 않고 화초를 집어삼킬 기세다. 아내와 함께 장갑을 끼고 잡풀을 말끔히 뽑아준다. 뽑아줄 때 땀방울이 맺히지만, 마음엔 신선한 바람이 인다. 말끔한 화분들을 보니 마음이 그냥 좋다.

TV 손자

　TV 시청은 국민 여가의 대종을 이루는 여가활동이다. 우리 내외도 예외는 아니다. 집에 있을 때는 거의 TV를 끼고 산다. 부부간의 대화 때에도 TV가 중재자 역할을 할 때가 많다. 설혹 TV를 보지 않을 때는 각자 할 일을 하기 일쑤고 대부분 부부가 함께하는 시간은 TV란 놈이 우리 둘을 묶어둔다.

　외출하지 않는 날이면 아내와 함께 TV 영화도 가끔 본다. 무료/유료 영화를 자주 보는 편이다. 아내가 제일 좋아하는 프로가 영화 보기다. 우리 부부는 아들이 분가한 뒤, 손자와의 즐거웠던 시간을 'TV 손자'로 바뀌었다. 부부가 함께 사는 것, 자체가 큰 행복이지만 부부간 살갑게 대화를 한다든지 함께 무엇을 하는 것 자체가 젊었을 때와는 사뭇 다른 모습이다. 몸이 늙으니 마음도 늙어지는 것 같다. 늙은 것이 아니라 익는 것이라고 유행가에서 소리치지만 익는 것도 늙는 것이기에 말장난하지 말고 늙음을 인정해야 한다. 늙으니 우선 약을 달고 산다. 여기저기 아픔으로 인한 일들을 생각하고 해결하는 때가 많아지고 있다.

우리 부부는 오늘도 내일도 아마 TV라는 손자를 놓지 않을 것이다. 진짜 손주는 가끔 보는 재미이고 만나면 반갑고 가면 더 반갑다는 말처럼 되어가고 언제나 말없이 우리들의 시선을 집중시키는 'TV 손자'가 그나마 고맙다.

삶을 작품화하라

　사람은 혼자 살 수 없다. 사회는 사람들이 서로 관계를 엮어가며 사는 공동체이다. 하지만 이런 공동체 문화가 엷어져 현대인들은 소외를 맛보며 살아야 하는 고독한 인생이 되고 말았다. 인간은 원래 고독한 존재임이 틀림없다. 고독을 달래기 위해 인간은 그림을 그리고 춤을 추며 일상의 지루함이나 고독을 넘어서고자 애써온 역사를 갖고 있다. 초기에는 모두가 함께 참여하고 만들며 살아왔지만, 사람이 많아지고 문명이 발달할수록 공연자와 관객이란 이름으로 갈라서게 되고 지금 우리가 사는 사회는 모래알 사회처럼 제각기 저 나름으로 다양하게 살아가는 좁쌀다운 사회가 되어버렸다. 인간의 삶은 본디 외로움이요 이를 벗어나려고 하는 다양한 몸부림이 예술이고 종교고 철학이라고 할 수 있다. 따라서 현대에는 이런 학문이 필요 없는 시대가 되었는지도 모를 일이다. 저마다 잘나고 저마다 개성 있는 원자가 되어버렸기 때문이다. 원자화 사회가 되어버렸다. 구심력을 잃은 각자도생하는 사회가 되어버렸다. 더욱이 첨단기술의 발달로 인간은 인간이 편리하고자 만든 기계의 부속품이 되어 가는 일이 벌어지고 있다. 유엔미래보고서(2018)에 따르면 앞으로 2030년에는 아마도 아버지가 없어지는 현상까지 나올지 모른다고 예측하고 있다. 인공 자궁이나 정자은행으로 아버지를 모르는 밭에 씨를 뿌리는 일 없이 아이를 생산할 수 있는 세상이 온다니 얼마나 '발전한 세상'인가?

이런 문화적 현상 속에 역설적으로 소외니 고독을 즐기는 사회가 되었는지 모른다면서도 오히려 그러므로 고독을 두려워하고 소외를 감소하고자 함께 무엇인가를 하고자 하는 기운이 일어나기도 하고 함께 그러나 다르게 하는 이름으로 사람들을 하나의 공동체적 삶을 그리워하는 운동이 일어나기도 한다. 이런 점에서도 인간의 삶 속에서는 어떤 의미에서도 예술이 더욱더 필요한 세상임이 틀림없다. 일찍이 프랑스 사회학자 앙리 르페브르는 일상을 작품화하라는 명언을 남겼다. 일상 속에서 삶을 작품 만들 듯이 살아간다면 얼마나 행복하고 의미 있는 삶을 살 수 있을까? 작품 할 때의 몰입감은 사람을 기쁘게도 해주지만 정신을 정화하는 기능까지 있으니 일상생활할 때 작품 만들 듯이 살아간다면 얼마나 좋을까?

인공지능

　인공지능(AI: Artificial intelligence). 나같은 사회학자는 문외한이지만 생활속으로 파고드는 인공지능기기의 이용에 관심을 가지지 않을 수 없다. 내가 이사로 있는 대덕복지개단 이사장께서 돌아가시기 전에 서울대에 500억원을 기부하시면서 인공지능연구의 필요성을 강조해 인공지능연구동(棟)을 짓도록했다는 기사를 보고 인공지능이 미래산업의 주요 항목이라는 생각을 갖게되었다. 어느 뷔페식당에서 식사하고 빈 접시를 수거하는 인공지능기기의 이용을 보고는 그 편리함을 칭찬하면서도 나름 인력 고용의 감소가 크게 문제될 거라는 생각이 든다.

　오늘 신문기사에 따르면, 인공지능과 관련해서 30개국의 현황을 살펴보면, 세계인공지능인재가 47만8천명인데 이 중 미국이 18만 8300명(39%), 인도 15.9%, 영국 7.4%, 중국 4.6%, 프랑스 45, 캐나다 3.7%, 한국 1.5%(2551명)으로 나타나있다. 미국은 인공지능 두뇌 유치에 고액연봉과 연구개발비제공 등이 석박사 외국인재들이 미국에 눌러 앉는 경우가 많고 인도, 영국 등 대부분의 경우는 초등학교부터 인공지능 교육을 실시하고 있고 컨트럴타워도 일원화되어 효율적인 정책을 수행하고 있다고 한다. 하지만 우리나라의 경우, 2022년 100만 디지털인재양성을 국정과제로 삼아 방향은 정해졌으나 실제로는 컨트럴타워가 교육부, 과기부, 산업부로 분산되어 효율성이 그만큼 떨어진다고 한다. 한 예로 서울대 인공지능대학원이 규제로 인해 6-70명정도밖에 교육을 시킬 수밖에 없다는 점이다.

이런 정황을 비춰볼 때, 나라의 미래가 걸려있는 인공지능 연구 및 개발엔 인재교육이 절실한 사항인데 이에 대한 예산확보, 컨트럴타워, 규제완화, 초등교 정보교육 등 필요한 정책은 여야를 막론하고 협력해야할 나라의 사활이 걸린 문제가 아닐까?

겨를의 참씀

요즘 흔히 사용하는 말 가운데 레저(leisure)라는 말이 있다. 이 말은 순우리말로 겨를이다. 사람이 바쁘면, 겨를이 없다고 하며 허둥대며 살아간다. 하지만 겨를이 생기면 나름대로 빈둥대며 살고자 한다.

우리 사회는 그간 허리띠를 졸라매고 오로지 잘 살아보자며 무척이나 바삐 살아왔다. 그 덕에 나름으로 눈에 띄게 잘 살게 되었다. 12년 전 우리 아파트에는 자동차가 몇 대밖에 없었지만, 지금은 차를 주차할 수 없어 화단을 없앨 지경이다. 또 모처럼 만나는 사람과 얘기하다 보면 아이들과 동남아여행을 떠난다는 말을 듣게 된다. 또 언제부터인가 토요일, 일요일에 가게 문을 닫는 집들이 눈에 띄게 부쩍 늘었다. 이만큼 먹고 살 만하니 얼마나 좋은가? 나 같은 6.25세대는 오늘의 부유함이 정말 꿈이런가 싶다.

한마디로 생활의 경제적 여유가 생기고 시간적으로도 겨를이 생긴 것이다. 이쯤 되면 한 번쯤 겨를에 대해 생각해봐야 하지 않겠는가?

그동안 살아온 우리의 삶은 이제부터의 삶의 준비라고 하면 어떨까? 그러면 이제부터의 삶은 어떤 모습이어야 되나? 한마디로 삶의 멋을 누리며 살자는 것이다.

1991년이 '연극영화의 해'이니 가족과 함께 연극도 보고 영화도 보고 민속박물관, 전람회 등 가족과 함께 이야기를 만들어 가며 사는 삶. 해외여행을 가더라도 목적 있는 여행이 무엇인가? 생산적인 여행은 어떤 것인가를 한 번쯤 생각해보며 누리는 삶을 누려보는 것이다. 우리가 모두 낯설게 다가온 겨를을 진정 나와 가족과 함께 겨를이 되도록 하는 것이다. 진정한 겨를을 생산적인 겨를이 되도록 하는 생각하는 삶의 방식이 우리에게 필요한 때다. 겨를의 참씀이 사회 구석구석에서 이뤄질 때 우리 사회는 진정한 겨를의 시대를 맞이할 것이다. (2009, 조선일보)

여가와 삶

버트란트 러셀(Bertland Russel)은 한 문명의 최종적인 시험은 여가(leisure)를 지혜롭게 이용하는 능력에 있다고 강조했다. 여가가 무엇인가라는 문제보다 여가를 어떻게 이용/활용하는가가 더 중요한 문제임을 우리는 알 수 있다.

현대사회에 사는 우리는 더 많은 여가를 바라고 있다. 이 말은 더 많은 자유시간과 더 많은 돈을 원하고 있다고 풀이된다. 그러면 여가를 바라는 이유는 어디에서 오는 것인가? 신성시되어온 노동에서 삶의 목적을 찾지 못하고 노동에의 획일화, 지속성, 습관성, 재미없음과 같은 일의 여러 형태의 구속에서 벗어나고 의무적인 활동에서 도피하고 싶은 이유라고 할 수 있고 나아가 노동의 굴레 속에 부품화되기보다는 자아발견, 자기계발의 시간을 갖고자 하는 욕구가 더 강하게 작용하고 있다고 보겠다. 이는 현대인들의 가치판단 변화를 알 수 있는 것으로 이들은 태어남에 의해 귀속되는 귀속적 지위보다 개인의 노력으로 이뤄지는 성취적 지위에 의해 가치가 부여되는 시대적 정신에 입각한다. 이로써 나는 누구인가? 라는 자신의 질문 속에 자기 성장을 위해, 자기계발을 위해 끊임없이 노력하고 성취해야 하는 그런 자기의 선택과 자유스러움에 의해 이용할 수 있는 자유시간. 곧 여가는 현대인들의 생활에 하나의 수단이 되어 간다. 노동에서의 자기발견에 대한 만족을 얻을 수 없으므로 여가활동 속에 자기의 표현수단을 추구하려 한다. (2009, 조선일보)

가정의 민주화

　미술 전람회에서 초등학생들이 메모지에 그림 제목을 쓰고 나름으로 그림을 본 소감을 적는 모습을 가끔 본다. 또 주말이나 일요일에 부모 또는 엄마랑 두 아이가 그림 앞에 서서 감상하며 자기 나름의 생각을 서로 주고받는 모습도 본다. 게다가 늘어나는 노인들도 부쩍 문화예술에 관심을 조금씩 두는 분위기이다.
　몇 년 전 파리 유학 시절 이러한 광경을 보고 나는 무척 부러운 눈초리로 본 적이 있으나 이제 우리 사회에서도 이런 광경을 보게 됨은 참으로 반가운 일이 아닐 수 없다. 이제는 우리 사회도 조금씩 생활의 여유를 갖게 되는 가보다.
　가족은 사회의 기본적인 집단이다. 이 일차적인 집단이 튼튼할 때 사회도 건전하게 된다. 이제 우리는 삶의 여유를 부릴 만한 것이다. 일에 파묻혀 가족을 뒷전에 팽개치고 아빠는 아빠대로 엄마는 엄마대로 동창계다 사우나 계라며 아이들을 암산학원, 미술학원, 태권도학원, 피아노

학원에 맡겨버린다면 그 결과는 너무나 뻔한 일이 아니겠는가? 요즘 정치의 민주화라는 낱말이 매일 신문을 장식하고 있다. 가족 내의 민주화가 우선 되어야 하지 않는가? 아빠의 전통적인 권위의식에 엄마를 포함하여 자녀들과의 자유스러운 대화가 이뤄지지 않는다면 어찌 사회의 민주화를 논할 수 있을까? 이는 모래 위에 집을 짓는 일과 무엇이 다르겠는가? (2009, 조선일보)

여가증대

    자기라는 존재는 타인이라는 존재 없이는 아무 의미가 없다. 인간은 사회 속에서 끊임없는 사회관계를 맺으며 시시때때로 갈망을 표현하며 타인과의 교류를 맺고 살아간다.

    현대산업사회의 여러 가지 특징들은 인간들을 더욱더 조직에의 예속화를 가속함과 동시에 그 조직에서 소외시키는 소외감을 가중해 더욱 타인과의 상호교류의 욕구증대를 불러일으켰다. 이러한 현대인들의 욕구증대가 현대사회의 새로운 문화적 상황으로 등장하고 이 상황에의 적응력 여하에 따라 사회통합 또는 사회결속이 좌우되는 길목에 놓여있다.

    또한, 급속한 여러 가지 변혁들 가운데 생산수단의 변화, 곧 자동화, 로봇화, 컴퓨터화 같은 것들에 의해 노동시간의 감축을 가져와 노동 밖의 시간, 곧 개인의 자유시간이 증대되었다.

    1986년 5월 30일 자 조선일보의 '확산하는 토요일 휴무'라는 기사에 따르면 '73년에 삼아약품이 처음 이 제도를 채용한 이래 현재 69개로 부쩍 늘어났다.'라고 한다. 이것은 회사로서는 직원들에게 사기진작의 의미가 있으나 개인에게는 노동시간의 감축밖에 자기의 자유시간 곧 여가를 누릴 수 있다는 욕구가 깔려있다. 이것은 또 오늘 우리 사회의 현실로 나타나 있다.

여가의 증대는 문화 활동의 폭을 넓혀준다고 할 수 있다. 노동으로 인해 피곤한 개인에게는 그저 휴식밖에 없다고 할 수 있으나 노동시간의 단축은 그만큼 개인이 이용할 수 있는 시간의 증가를 의미한다. 따라서 현대사회에서는 '내일의 노동을 위한 휴식으로써의 여가가 아니라 여가를 위한 노동'으로써 노동의 개념이 바뀌고 있다. 다시 말하면 '노동을 위한 액세서리의 여가가 아니라 여가를 위한 노동의 액세서리'의 개념으로 바뀌어 간다는 뜻이다. 따라서 현대를 흔히들 '여가의 시대'라고 한다.

그러나 '고독한 군중'에서 리즈만이 '여가가 점점 증대하여 더 이상 감당할 수 없는 상태에 이르면 대중에게 만족감을 주기보다는 오히려 혼돈'에 이를 것이라고 한 것처럼 여가를 시간으로서만의 여가가 아니라 내용으로서의 여가 문제에 더욱더 사회학적 관심이 쏠려있다. 어쨌든 '노동 및 생활 관계에서 오는 소외는 여가를 가치 있는 것으로 만듦으로써 극복'될 수 있다고 하여 오귀스트 지라는 '문화발전 경험과 정책'에서 여가의 중요성을 강조했다.

이처럼 현대인들의 욕구증대, 그 가운데에서도 타인과의 상호교류의 욕구증대와 노동시간의 단축으로 여가의 증대로 인한 문화 욕구에의 증대는 그 어느 것보다도 문화종사자들의 사회적 역할 및 책임을 크게 부여하고 있다. (2009, 조선일보)

삶의 즐거움

고 1짜리 큰 녀석이 학교에서 노는 시간에 친구들과 농구를 하다가 발목을 다쳤다. 결국, 깁스하게 되었다.

별다른 일없이 하루하루 조용히 지내온 우리 가족에게는 커다란 충격일 수밖에 없다. (실은 별일이 아닌 것을…. 애들은 놀다 다치기도 하고 늘 그렇게 자라는 것이 아닌가?) 직장이 지방에 있는 관계로 가끔 주말에 가족 상봉하는 나에겐 그저 어찌할 수 없는 노릇이었다. 아침 일찍이 택시를 타고 학교 정문까지 데려다주고 버스를 타고 오는 아내에게 더욱 미안할 따름이다. 이른 아침이라 택시 잡기는 쉬운 편이라지만 목발을 하고 학교 다니는 녀석의 모습에서 가장으로서의 아빠는 무엇인가 잘못된 생활을 하는 게 아닌가 싶다. 이럴 때 자가용이 있으면 좋지 않으냐는 아들 녀석의 푸념에서 더욱 마음만 안타깝다.

무슨 특별한 철학이 있어서라기보다 우리 집에는 자가용이 절대로 필요하지 않기 때문에 대중교통수단을 이용하고 있다. 조금은 불편도

하지만 못 견딜 정도는 아니니 그런대로 살고 있다. 그런데 오히려 주위에서 교수님이 자가용을 왜 사지 않느냐며 아파트경비원 아저씨께서도 의아해하며 묻곤 한다.

택시 교대시간이라든지 또는 토/일요일에 목발 짚고 택시를 기다릴 때는 자못 나의 비현실적인 감각 같은 생활관이 조롱을 받는 것 같아 마음이 무겁지만…. 착한 마음을 소유한 사람들이 있어 마음이 흐뭇하다.

회사 사장님이 차를 몰고 가다 목발 아들이 택시 기다리는 것을 목격하고 학교에 태워주고 극구 고마움에서 건네주는 수고비를 마다하는 고마운 자가용 운전 기사분께 고마움 마음을 전한다. 또 일요일 어느 주부님께서 프라이드 승용차를 세워 방향이 다른데도 굳이 학교까지 태워다주겠다는 그 고마움에 나는 순간 바로 삶의 기쁨이 이런 것이로구나 하는 생각이 든다.

사회병리학적인 문제들로 서로 불신하고 미워하고 으르렁거리는 요즘 세태의 메마름 속에서 이웃의 어려움에 눈 돌리지 않고 나의 아픔, 나의 어려움으로 생각하며 베푸는 그 풍요로운 인간미에서 우리는 우리 사회의 어두운 면보다 밝은 면을 부추겨주고 사회의 명랑한 분위기를 만들어 갈 때 나의 목발 아들이 커서 자가용을 몰고 가다 또 다른 어느 목발 학생을 태워주리라 확신한다. 이처럼 친절은 친절을 낳는 법이고 이것이 어른들이 보여주어야 할 산 교육이다. 삶의 기쁨은 이렇게 작은 것에서 느끼는 것이리라. (2009, 조선일보)

담배파이프

그땐, 파이프 물고 담배 피우는 모습이 그렇게나 멋있어 보였을까? 남자들의 로망같은 것. 시가렛(*cigarette*)보다는 시가(*cigar*)가 멋있고 시가보다는 담배파이프가 뭔가 있어 보였다. 아무나/누구나/ 담배파이프를 피울 수 없었다. 여건상 그렇다는 말이다.

파리유학생활 초기에는 모든 것이 신기해 보였고 젊은 나이어서 그런지 호기심이 바로 발동했다. 당시, 같은 기숙사에 기거하는 육사출신 학생 무슈 차와 나는 자주 만나는 사이였다. 해서 함께 탁구도 하고 고민 있으면 함께 풀기도 했다. 이런 와중에 어느 날, 함께 생미쉘 광장 담배가게(Tabacco)에 품격있어 보이는 제법 근사한 파이프와 연초 그리고 담배를 담고 눌러주는 작은 도구, 필터 등을 구입해 바로 옆 카페에 앉아 둘이서 담배파이프를 물고 피기 시작했다. 그런데 이상하게도 파이프가 쉽게 빨아지면서 금방 타버리는 것이 아닌가? 뭔가 의심적었지만, 그러기를 서너 번 했더니 머리가 핑 돌 지경에 이르러서야 아마도 연초가 잘못되었음을 알게되었다. 웃고 말았다. 종이로 말아 피는 궐련초를 파이프에 넣고 피어댔으니 말이 막혔다. 바로 파이프용연초를 사 눌러 넣고 피었더니 그제사 제대로 담배파이프가 작동하니 얼굴에 웃음기가 돌며 그래 바로 이거야! 하는 느낌을 공감할 수 있었다.

아무튼, 이런 연후에 을씨년스런 기숙사 방에서 파이프를 물고 파이프 머리 부분을 손아귀에 감싸 안으며 연초의 구수함과 그 따스함을 느끼며 보낸 한 겨울이 따스하게 다가온다.

* 표지그림은 바로 당시의 일명 '파이프사건'을 희화화한 그림이다. 오랜만에 보니, 애착이 가기에 표지화로 등용시켰다. 추억을 되씹으며 그땐 그래도 좋았지 하는 기분이 되새겨진다.(저자/주)

제2부

수필여행

문학과 비평, 경기수필에 주로 실렸던 수필이 주를 이루고 그밖은 미발표되었거나 다른 문학지에 발표된 작품들이다.

새와 함께 하는 삶

　　지난 11월 이사 온 아파트 난간 위에 잡곡을 얹어놓는다. 그리고나서 행여나 하는 마음에 새를 기다리고 또 기다려본다. 아파트 바로 앞, 호수가 보이고 바로 앞에는 숲이 우거져 있다. 하지만 때가 겨울인지라 앙상한 나뭇가지에 까치집만 덩그러니 을씨년스럽다. 겨울철이 닥치면, 새들 먹이 걱정이 내 일처럼 느껴진다면 너무 비상하는 것일까? 겉보기에는 화려하나 심성적으론 복잡한 강남에서 아파트 문도 열지 못하고 40년 가까이 살아보니, 이사 온 이곳 풍광에 매료되어 새먹이까지 챙기려나 보다. 하지만 자연 속엔 자연의 섭리대로 돌아가는 나름의 법칙이 있으렷다. 기대는 희망을 저버리지 않는 법, 2주가 지나니 박새 한 마리 드디어 등장한다. 잡곡을 뿌려놓은 철제난간 위를 경계 어린 행동으로 나타난다. 잠시 왔다가 금방 가버린다. 우린 자극하지 않으려 애쓴다. 이렇듯 힘들게 애들이 아파트 난간 위에 놓인 잡곡을 먹으러 오기 시작했다. 처음엔 박새인지 딱새인지 분간도 못 했다. 찾아보니 딱새는 천연

기념물로 귀한 몸이 되었단다. 박새란 녀석이 오기 시작하더니 어느 날인가 덩치가 큰 녀석 한 쌍이 온다. 알아보니 직박구리란다. 이처럼, 새들이 많아지고 점점 자주 오게 되니 아내의 맘을 움직이게 했나 보다. 물통도 매달아 놓고 플라스틱 새 먹이통도 달아놓는다. 작정하고 새먹이를 줄 모양이다. 물통으로 달아놓은 놈은 실은 73년도 마닐라 여행 다녀올 때 선물로 사 온 야자나무 열매로 만든 장식품이고 새 먹이통은 플라스틱 네모 용기로 강력 빨래집게로 부착해놓는다. 제법 그럴싸한 모양새를 갖춘 셈이다. 이런 생각을 한 아내가 그간 자연을 얼마나 그리워했기에 그랬을까 생각하니 이곳으로 이사 오기 잘했다는 생각이 절로 든다. 이렇게 해서 새들에게 먹이를 주게 된다. 겨우내 눈이 오나 안 오나 새들이 찾아왔다. 그 사이에 우리 내외도 동영상을 찍어 손자들에게도 친지에게도 자랑삼아 내놓는다. 아파트 11층에 새들이 산다고 모두 좋아하고 놀란다. 이렇게 새와 함께 하는 삶을 이사 와서 누리게 되었다. 어느새 봄철이 된다. 새들 숫자가 늘어나고 종류도 늘어났다. 박새와 직박구리가 오고 아주 가끔 콩새도 왔다. 한데 커다란 변화가 올 줄은 아무도 까맣게 몰랐다. 참새 한두 마리 조잘대는 듯하더니 말 그대로 떼로 모여들기 시작했다. 그동안 나름대로 어떤 질서가 있었는데 참새들이 오고부터는 분위기가 아주 달라졌다. 박새는 둘이 와도 먹이 먹는 순서를 기다린다. 먼저 온 녀석이 먹고 나면 다음 녀석이 먹는다. 보기가 좋다. 직박구리도 두 마리씩 오는데 그 녀석들도 둘이 함께 먹는 법이 없다. 아무리 배가 고파도? 기다렸다가 먹는 것이 나름 보기 좋고 그 나름의 질서가 있어 신기한 생각이 들기도 한다. 어릴 때, 조금은 덜떨어진 녀석을 보고는 새 대가리 같다고 놀려댄 적이 있다. 잘못임을 이제야 알게 된다. 하지만 참새떼만큼은 예외다. 먹이를 먹는 태도도 버릇이 없고 제멋대로이며 서로 먹겠다고 싸우지를 않나 먹고 나서는 난간에 똥을 갈기지를 않나, 여간 마음을 상하게 만드는 녀석들이 아니다. 가끔 참새 똥을 치우며 인내심을 키우지만, 인내도 한계에 부딪히게 된다. 우리 집보다 바로 아랫집 난간에 온통 참새 똥으로 범벅을 해놓은 것을 알게 되었다. 이러다간 위 아랫집 사이 분란이라도 생기지 않을까? 걱정이다. 어찌하면 좋을까? 다행히 어젯밤 비가 와서 말끔하게 청소가 되었지만…. 무슨 대책을 세우지 않으면 안 되겠다는 생각에 이른다. 아내와 함께 드디어 결심한다. 시도 때도 없이 새 먹이를 주다 보니 정말로 우리 내외가 먹는 쌀보다 더 먹어치운다. 그래도 아내나 내가 새 먹이보다 새들이 오는 재미에 사진 찍어 자랑하는 것이 더 큰 행복이니 그것으로 만족이다. 하지만 예기치 않은 참새 똥 때문에 우리 내외는 드디어 결심하고야 만다. 새 먹이를 중단하는 것이다. 계절도 봄이니 먹이가 숲 속에 지천으로 깔려있고 또한 본래대로 새는 자연에서 자연으로 먹이를 찾는 것이 바람직하다. 우리가 외롭다는 핑계로 새들을 자연에서 벗어나게 해 오히려 해가 되는 것이려니 하는 생각에 이르니, 새들에게 미안하고 죄스럽기까지 하다. 하지만 겨울철이 되면 눈 오고 먹이 찾느라 힘들 때 조금 도와주자고 한다. 그리하여 새 먹이통을 단호하게 떼어버린다. 하지만 물통은 그대로 놔두기로 한다. 나름의 소통의 끈은 끊지 말자고 한다. 좋은 일도 말없이 단숨에 잘라 버리면 해가 되는 법이다. 아무튼, 새들이 놀랐나 보다. 아무런 알림도 없이 일방적으로 내린 조치니 요새 흔히 말하는 갑질하는 것은 아닌지? 새들에게 특히 박새와 직박구리에게 미안하기도 하다. 며칠 동안 새들이 유리 창문 안을 기웃거리며 왜 밥통/먹이통을 치웠느냐고 따지는 것 같기도 하고, 이게 무슨 날벼락이냐며 소리지르는 것 같기도 하고, 어떤 녀석은 그럴 줄 알았다는 식으로 왔다가 그냥 훌쩍 가버리기도 한다. 이게 다 참새 놈들이 똥을 싸대는 바람에 생긴 일이니 우린들 어쩌랴. 이렇듯 새먹이 주는 일상이 없어지니 아내가 이상해진 것 같다. 한동안, 오지 않는 새를 기다리지를 않나? 어쩌다 직박구리 물 먹으러 오면, 아내가 직박구리와 말을 트고 있지를 않나? 목마르지? 잘 왔다 하며 새와 대화하듯이 행동하는 게 아닌가? 아내가 새가 되어간다. 난, 새 먹이통을 다시 놓을까 고민하기도 한다. 나까지 새가 되어 버리면 이를 어쩌겠는가? 이를 이해할 수 있겠는가? 어쨌거나 그동안 아내는 새 먹이 주더니 새처럼 되었나 보다. 새란 놈도 먹이 주며 함께 살면서 정이 드니 식구처럼 느껴졌나 보다. 겨울이 오면 먹이 구하느라 새들이 고생할 것이다. 그때 우리가 또 새 먹이를 주면 되는 것이다. 잡곡 섞인 질 좋은 먹이를 줄 것이다. 아내가 그때까지 잘 견딜 것이라 믿는다. 가끔 물만 먹고 가는 직박구리나 박새를 보며 희망을 잃지 않기를 바랄 뿐이다. 새도 정들면 손주 같은 생각이 든다. 새든 손주든 정들면 한 가족임을 새 먹이 주며 알게 된다. 우리 노부부는 겨울이 올 때까지 조금은 힘든 세월을 참아가며 조바심내지 않고 살아야 할, 한 가닥 희망으로 살 의미가 확실해진다. 삶의 섭리도 자연의 섭리를 거스르지 않는 범위 내에서 공생하는 것이다. (2020)

바게트의 추억

문화마다 독특한 음식문화가 있다. 우리나라에 밥과 김치가 있듯이 프랑스엔 바게트(*baguette*)와 프로마즈(*fromage*)가 있다. 바게트는 프랑스인들의 주식(主食)인 막대기 빵이다. 프랑스의 제5공화국 대통령으로 당선된 드골 장군이 4백여 가지의 프로마즈를 먹는 프랑스인들을 어떻게 통치할 것인지 걱정이라고 한 유명한 이야기가 있듯이 프랑스인들의 개인주의와 독특한 문화특성은 음식에서도 그대로 반영되어 있다고 해도 과언이 아니다. 물론 21세기에 들어와서 세계화에 따라 문화 간의 소통으로 나름의 디지털화된 젊은이들의 문화가 있지만, 그 속내를 들여다보면 각 문화의 특성은 어쩔 수 없이 보유하고 있음을 인식할 수 있다. 아무튼, 프랑스 하면 머릿속에 박혀있는 바게트의 추억이 주마등처럼 비춰오는 잊지 못할 수브니르(*souvenirs*)다.

프랑스 유학 시절에 바게트와 처음 만나게 되었다. 기숙사에서 생활하니 아침은 스스로 해결하고 점심은 주로 기숙사 식당에서 식권을 사서 썰어놓은 바게트를 가져다 먹곤 했다. 가끔은 하루 지난 바게트가 나올 때가 있다. 전날에 남은 딱딱하게 굳은 빵을 쪄내어 조금은 물컹한 바게트를 먹을 때가 종종 있다. 프랑스에 간 지 얼마 되지 않았을 땐 딱딱한 것보다 쪄낸 말랑한 바게트가 나쁘지 않았으나 세월이 흘러가면서 바게트는 겉이 딱딱하고 속이 말랑말랑한 갓 구워낸 것이 최고의 맛을 낸다는 사실을 알게 되었다. 해서 기숙사 식당에서 내놓는 바게트 말고 동네 빵집에서 아침에 갓 구워낸 바게트의 맛을 잊을 수가 없다. 처음엔 프랑스인들이 바게트를 길거리에서 뜯어먹으며 걷는 모습을 보며 얼마나 배가 고프길래 길거리에서 뜯어 먹느냐? 며 동정어린 표정도 지었지만, 세월이 지나니 나 또한 길거리에서 바게트를 뜯어 먹고 다니는 것이 아닌가? 그 맛이란 장소를 구분하지 않고 아무데서나 뜯어먹을 수 있을 정도다. 동네 빵집에서 갓 구워낸 금방 사 온 바게트의 맛이란 지금 이 글을 쓰고 있으면서도 그 맛 때문에 침이 나올 정도이니 무어라 말할 수 있겠는가?

2000년 연구년으로 우리 부부가 1년 파리 살기를 시작한 지 얼마 되지 않아 한식만 해 먹던 식생활을 프랑스식으로 바꾸는 바람에 아침마다 바게트를 사러 나가야 했다. 구차하지만 언제부터인지 나 스스로 바게트의 구수한 맛에 반해 기꺼이 아침마다 갓 구워낸 바게트를 사러 나가곤 했다. 국제기숙사촌(씨떼: Cité) 앞 몽수리(Montsouris) 공원을 지나면 길가에 있는 작은 빵집은 나의 단골 빵집이었고 바게트와 크와쌍(*croissant*), 뺑쇼꼴라(*pain au chocolat*)를 사 들고 오는 길은 어린 시절 엄마 심부름해오는 길에서 마냥 행복했던 것처럼 오로지 바게트의 맛 때문이었다. 바게트를 들고 오다가 언제부터인가 갓 구운 맛에 이끌려 뜯어먹으며 올 때의 그 황홀함은 누가 뭐라 해도 들리지 않을 만큼 행복함 속에 갇혀있을 때였으니 바게트의 유혹을 뿌리칠 수 없음을 경험해보지 않은 이는 모를 맛의 추억이다.

유학 생활이 끝나고 이제 나이가 80이 넘어 어쩌면 마지막 프랑스여행일지 모르겠다는 생각에 마음이 설레지만, 아직 코로나 판데믹 때문에 꼼짝달싹도 못 하는 실정이다. 하지만 여행할 수 있을 때, 여행의 목적이 바게트 먹으러 간다면 미친 사람이라고 하지 않겠는가? 하지만 분명한 것은 동네빵집에서 갓 구워낸 바게트를 사 먹으러 가는 것은 아니지만 여행계획 가운데 하나가 바로 바게트 맛보러 가는 것이니 참 웃을 일이다. 마치 외국 유학을 오래 하고서 집에 돌아오면 된장찌개나 김치찌개를 찾는 것과 같은 것이다.

한때는 법으로 바게트의 값도 맘대로 올릴 수 없는 실정이었으나 지금은 그렇지도 않은가보다. 한때 바게트값 20상팀(1프랑=100상팀)을 올린다고 신문 지상이 떠들썩한 것을 보면 역시나 바게트의 위력이 대단한가 보다.

바게트는 6~70cm에 250g 정량의 밀가루, 소금, 물, 이스트로만 만들어야 한다. 1970년 0.10유로(*euro*)였는데 2021년 0.90-1.00유로이지만 지역에 따라 1유로에서 1.30유로를 받는 곳도 있는 것으로 보인다. 파리엔 바게트 자판기까지 등장했다니 매우 편리해졌나 보다. 게다가 1994년부터 매년 파리 바게트 대상(*Grand Prix de la baguette de Paris*)대회를 열고 있다. 길이는 55-65cm/60-70cm, 무게 250-300g, 1kg의 밀가루, 18g 소금으로 바게트를 만들어 심사위원 파리시민 603명, 전년도 우승자가 빵의 익힘 상태, 맛의 향, 부스러짐 형태, 외관 등을 심사해 명장을 선정한다. 상금은 4000유로이며 1년간 대통령관저로 15개 바게트를 배달해야 한다. 보통 300여 개의 빵집이 경쟁에 참여한다. 바게트는 6~70cm 되는 것을 반으로 짤라 치즈, 햄, 참치 또는 각종 샐러드를 넣어 샌드위치를 만들어 먹기도 한다. 특히 대학생들이 점심 때 바게트 샌드위치 하나로 점심을 해결하니 무척 편리하고 시간 절약도 되어 그만큼 공부할 시간도 많아지는 것이 아닌가 싶기도 하다. 특히 우리네 음식에 비하면 너무도 편리하고 간편하다.

 1993년 1년간 파리7대학 교환교수로 있을 때 자주 먹었던 바게트 샌드위치. 간편하기도 하고 또한 골라 먹는 재미도 있고 샌드위치 하나에 카페올레(*café au lait*) 한 잔이면 만족하고 행복하기까지 했었다. 더구나 걸어가면서 먹어도 되고 서서 먹어도 되고 무척이나 간편하다. 누구나 차별 없이 평등한 음식이다. 교수도 학생도 같은 샌드위치로 점심을 간단하게 먹으니 정찬을 거창하게 1~2시간 정식으로 먹는 여유도 부릴 줄 아는 것 같다. 아무튼, 그때 그 바게트가 그립기도 하다. (2022)

나이아가라('나이야 가라')

　유난히 더운 이번 여름을 밴쿠버에서 지낼 수 있는 행운을 얻는다. 게다가 아내의 고희(古稀)기념으로 알래스카 쿠르즈 여행을 할 수 있어 기분이 매우 좋았다. 가보고 싶은 곳이기도 하지만 여름을 보내기 위해서 딱 좋은 코스이기 때문이다. 밴쿠버에 거주하는 친구 덕분이니, 그저 감사할 뿐이다.
　망망대해를 7박 8일간 배 위에서 생활하는 체험은 그리 나쁘지 않다. 하지만 선상에서의 일상은 어떤 때는 지루하기도 하다. 땅이 그립다면 웃을 일이지만, 사실 사람은 땅을 밟으며 살아가야 한다. 자연 속에서 보낸 일주일간의 알래스카 쿠르즈 여행을 마치고, 개인적으로 캐나다 속의 프랑스 문화를 보기 위해서 퀘벡을 가보고 싶었다. 밴쿠버 한인 여행사를 통해 알아본 여행상품은 4박 5일간의 동부 캐나다여행상품이 있다. 토론토에서 퀘벡을 다녀오는 길에 몬트리올과 오타와를 경유하고 특히 마지막 코스에 나이아가라 폭포관광이 있다. 나이아가라폭포를 갈 수 있었던 1993년 뉴욕 체류 때 우린 폭포 하나 보려고 고생할 필요가 있느냐며 오히려 뉴욕에서 캣츠 공연을 보고 뉴욕 문화를 만끽하고자 했고 그만큼 행복했었다. 한데 이번엔 왠지 나이아가라폭포가 보고 싶어졌다. 나이가 들면서 보고 싶은 것도 조금씩 달라지는가 보다.

밴쿠버에서 토론토까지 에어 캐나다로 4시간 30분이 걸렸다. 게다가 동부에서 도시와 도시를 버스로 다니는데 5-6시간은 보통이다. 캐나다는 참으로 큰 나라다. 세계에서 두 번째로 큰 영토를 가진 나라란다. 우리나라 영토(남한 10만 Km^2/전체 22만 Km^2)보다 1천 배가 큰 나라이다. (9,984.670 Km^2). 인구는 고작 3천5백만 명 밖에 되지 않는 나라다. 토론토엔 우리나라 이민자들이 많은 도시이고 대학도시로 토론토대학에만 한국 유학생이 1천 명 정도라니 그저 놀랄 일이다. 토론토에 도착해 다른 팀들과 함께 51인승 대형버스를 타고 4박 5일 관광을 위해 떠난다. 바로 앞 좌석엔 토론토에 사는 딸 집에 다니러 온 60대 아줌마 두 분이 있고 그 앞엔 애틀랜타 거주 가족이 여름 휴가차 오고, 그리고 미국 시카고에서 박사학위 끝내고 어머니와 여행 오고 고등학생과 부모님 등등 다양한 멤버들이지만 모두 한국 여행객들이다. 이런 팀들이 우리 말고 대형버스 두 대가 더 있다.

토론토에서 키싱톤 그리고 퀘벡, 몬트리얼, 오타와 그리고 토론토,

그리고 나이아가라 폭포관광으로 이어진다.

　　여행은 막바지에 접어들고 토론토에서 내린 60대 두 아줌마와 헤어지게 되었다. 여행 도중 나를 오빠라고 부르며 사진 찍어달라고 애교를 부렸던 이 아줌마들이 나이아가라폭포를 이미 구경했다며 나이아가라 폭포관광은 뭐니뭐니 해도 제트 보트 타는 게 제일이라고 말하는 바람에 나이아가라에 가면 제일 먼저 제트 보트를 타야겠다고 생각했다. 관광안내원이 나이아가라 폭포관광을 위한 옵션 용지를 나눠준다. 그리고는 한 번 정한 것을 바꿀 수 없다며 신중히 결정하라고 한다. 헬리콥터 타기, 제트 보트 타기, 유람선 타기, 스카이론 스테이크 점심먹기 등 다양하다. 아내랑 상의해 제트 보트 타기와 스카이론 라운딩 레스토랑을 선택해 1인당 200불씩 모두 400불을 지급한다. 나중에 안 일이지만 폭포수 아래까지 접근하는 유람선을 대부분 선택했고 제트 보트는 특별히 젊은이들이 선호한다는 사실을 알게 되었다. 51명 중 제트 보트 타기는 9명뿐이었다. 유람선 타고 폭포 아래까지 다녀온 애틀랜타 아줌마는 나이아가라폭포에 내년에도 또 와야겠다며 유람선을 타지 않은 우리 부부에게 염장을 지르는 듯 얄밉게 굴었다. 앞 좌석 60대 아줌마들이 한 말을 아무 생각 없이 그냥 믿었던 내가 잘못이었다. 하지만 후회해봤자 소용이 없는 노릇이었다. 아내의 얼굴이 달라지기 시작한다. 난 공연히 마음이 조여드는 기분이 들고 멀리서 보는 나이아가라폭포가 전연 아름답지 않았다. 참 딱한 노릇이지만 어찌하랴? 한번 엎질러진 물을 어찌 담을 수가 있으랴! 그래도 나이아가라폭포에 근접한 거리에서 사진을 찍으며 마치 비 맞은 족제비처럼 시원한 느낌을 만끽한다. 정말 장관이다. 경기도와 강원도만큼의 욕조에 물을 쏟아붓는 것만큼 한꺼번에 낙하수의 물량이 대단하다. 나이아가라폭포가 미국 쪽 폭포와 캐나다 쪽 폭포가 두 개 있다. 미국 쪽 나이아가라폭포는 캐나다 쪽 나이아가라폭포만큼 크지도 않고 모양새도 시원찮다. 하지만 두 개가 어우러져 장관을 이룬다. 물줄기 가운데 염소섬이 있어 둘로 나뉜다. 난 놀이 삼아 나이아가라를 '나이아 가라'라고 하며 고희기념 여행의 염을 담아본다. 나이아 가라고 한다고 나이야 가겠는가만은 그래도 나이아가라폭포는 우리 부부의 마음을 알아줄 것만 같다.

드디어 올 것이 왔다. 위폴젯보트(Whirlpool Jet Boat)는 50명이 탑승하는데 보트 가격이 50-100억원 정도란다. 엔진소리만 들어도 겁이 날 정도다. 보트 타기 전 주의사항도 수술받은 사람은 탑승 불가, 나이든 사람들은 더더욱 힘이 들 거라며 가이드가 특별히 주의사항을 일러준다. 카메라도 맡아주겠다며 가져가고 비닐 옷을 입고 그 위에 덧옷을 더 입고 구명조끼를 입는다. 앞자리가 더 위험하다니 우린 뒤쪽을 택한다. 한 시간 동안의 보트 타기는 시작부터 겁을 먹고 탔지만, 이왕지사 내친김에 끝까지 갈 데까지 가보라는 심보가 발동한다. 드디어 시동이 걸리고 부두를 떠난다. 나이아가라폭포 하류에서 중류 사이를 왕복한단다. 마침 한국 출신의 리더가 유창한 영어와 어눌한 한국어로 안내한다. 손동작을 알려주며 손가락을 왼쪽/오른쪽으로 돌리는 지시에 따라 보트가 움직이고 특히 선회작동도 손가락 지시에 따른다. 속력을 내는가 싶더니 물벼락을 맞으며 달리다가 갑자기 또 멈춰서는 바람에 물벼락과 동시에 배가 기우뚱거리며 기우는 것 같더니 또 배가 360도 선회를 하니 우린 죽었다 싶은 생각이 든다. 하지만 아직은 괜찮다. 손으로 철봉을 꽉 잡고 고개를 들고 앞을 똑바로 바라보며 마음을 굳게 다진다. 조금 더 가더니 악마의 홀이 즐비한 곳을 지나며 보트가 기울기도 하고 물밑으로 빨려 들어가는 것 같기도 하고…. 1시간이 금방 지나간다. 서서히 출발지점으로 되돌아오니 어떤 성취감 같은 것을 느낀다. 이 나이에 험한 래프팅을 하게 되다니…. 아내와 난 그래 이 맛이야! 하며 나이아가라폭포의 참맛을 보았다. 이제야 정말 '나이아 가라'라고 말할 수 있는 자격을 얻은 것처럼 기분이 통쾌하다. 유람선타기를 놓치고 제트 보트를 타게 된 이유는 차치하고라도 제트 보트를 탄 기분은 아직도 잊을 수 없다. 마음은 모든 것을 초월하는 그런 힘을 가진다. 나이아가라폭포는 '나이야 가라' 폭포가 되어 가슴에 깊이 오래 새겨질 것이다.
(2015)

애플파이(Apple pie)가 웃는다

몬트리올에서 오타와로 달린다. 버스 타고 2시간여를 지나 캐나다 연방 총독관저 정문에 도착한다. 마침 경비병 교대식이 있어 구경한다. 영국 버킹엄 궁전 앞에서 행해지는 교대식의 축소판이다. 관저가 있는 안쪽으로 얼마 들어가지 않아 양쪽에 기념 식수장이 있다. 우리나라 대통령의 기념식수도 현장에서 확인한다. 캐나다를 방문했던 우리나라 대통령들의 기념 식수들이 있다. 하지만 김대중 대통령의 기념식 수 안내판에 성함이 잘못 적혀있다. 영문 표기 가운데 대(*dae*)자를 *dea*로 잘못 표기되어 있다. 이유를 막론하고 바로 담당 부서에서 고쳐놔야 하지 않는가? 게다가 기념식수까지 시들시들하니 마음이 씁쓸하다. 누가 이런 일을 담당하는지? 빠른 조처를 하기 바란다. 여행하다가 이런 일을 보면 화까지 나지만 나름 이해하려고 애쓴다.

다음으로 캐나다 연방 수도의 위엄을 자랑하는 의회 연방의사당을 방문한다. 캐나다의 무명용사들을 기리는 무명용사 탑에선 영원히 꺼지지 않는 불이 활활 타오르고 있다. 넓은 공간을 중심으로 영국식 건물들이 가지런히 놓여있다. 중앙에 건설된 평화의 탑은 런던의 빅 벤(Big Ben)을 닮아 리틀 웨스트민스터를 방불케 한다. 동상들과 조각상을 돌아본다. 마침 점심시간에 젊은 사람들이 광장에서 요가하는 장면이 이색적이다. 일인 시위꾼도 보인다. 특히 관심 있게 본 것은 의사당 옆에 있는 호텔에서 전시 중인 요셉 가쉬(1908-2002)의 특별사진전이다. 가이드가 꼭 가보라는 이 사진전은 아인슈타인과 처칠의 사진도 있어 흥미롭단다. 예를 들어, 처칠 사진은 그의 상징인 시가 없는 화난 얼굴의 사진으로 가쉬가 사진을 찍는데 처칠이 시가를 들고 있어 신경이 쓰였단다. 시가 없는 사진을 찍고 싶은 나머지 시가를 입에서 빼라는 요구를 했는데 처칠이 거절해 기다리기로 했단다. 계속 기다리다가 방법이 없자 가쉬가 갑자기 처칠의 시가를 빼앗아 버렸단다. 그 찰나를 찍은 처칠의 화난 얼굴은 그를 더욱 잘 나타내주고 있다고 한다. 사진예술가의 집념의 소산인 셈이다. 명작은 그냥 탄생하지 않는다.

오타와에서 다시 토론토로 가는데 2시간마다 휴게소를 들린다. 장거리 여행이니 용변 문제가 제일 큰 문제이다. 원체 장거리 여행 때에는 제일 신경 쓰이는 문제가 용변 문제이니 알아서 2시간마다 휴게소를 찾아 해결해주어 고맙기도 하다. 어느 휴게소엔 애플파이 농장이 있는 제법 크고 인기 있는 곳이다. 커다란 홍보용 사과조각도 있고 매장이 조직적으로 잘 갖춰져 있다. 문제는 맛있는 것들이 너무 많다는 것이다. 특히 아내가 좋아하는 애플파이에 눈길이 간다. 하지만, 점심을 많이 먹고 버스만 타고 오는 바람에 속이 찌뿌드드한 상태에서 우린 마음을 가다듬고 작은 애플파이 하나만 맛보기로 한다. 버스 속에서 맛보고 있는데 해프닝이 생겼다. 가이드가 애플파이 상자를 내 앞에 건네주며 사달라고 하신 애플파이를 사 왔다면서 주는 게 아닌가? 사달라고 한 적도 없고 또한 순간의 일이라 너무 당황한 나는 바로 가이드를 따라 내려가 자초지종을 묻는다. 그저 감사하여 사드리는 거란다. 아니 이 사람아… 감사할 일이 없는데… 하니 그저 말씀이 재미있다고만 한다. 참 엉뚱한 친구네! 하면서도 한편 멋쟁이라는 생각도 들었다. 아마도 어제저녁 퀘벡 힐튼호텔에 도착하자마자 어느 여자분이 다급해하는 볼일을 아내와 내가 안내해 해결해주었고, 오늘 아침엔 앞 좌석 아줌마가 급한 용변을 호소해 내가 따라 나가 안내해 드린 것을 가이드가 다 알고 있었나 보다. 가이드가 할 일을 아내와 내가 분담한 것으로 생각한 모양이다. 퀘벡은 프랑스어가 제일 언어로 우선은 프랑스어를 할 줄 아는 내가 안내해드린 것뿐이다. 아무튼, 가이드에게 우리가 선물해야 할 판인데 오히려 가이드가 우리에게 선물하다니…. 당황했지만, 그 마음이 고마웠다. 그렇게 하지 않아도 아무렇지도 않은 일에 감사할 줄 아는 가이드의 마음이 정말 멋지고 감사한 일이라 생각했다. 하지만 고마움은 우리에게 고민거리로 변했다. 그냥 먹어버리면 되지만 고마움을 그냥 먹어치우는 것이 도리가 아니라는 생각에 이르니 이를 어떻게 할 것인가?

　매사에는 기회가 있는 법이다. 마침 가이드가 바뀌었는데 이때를 놓치지 않은 아내의 기지가 빛났다. 가이드가 바뀌었으니 바로 그거야 하며 맞장구를 쳤다. 관광객들이 다 내리고 운전기사 알베르토가 혼자 있을 때를 놓치지 않고 그에게 다가가 그동안 안전운전해주어서 감사하다고 애플파이 상자를 건네주니 환한 얼굴로 웃는다. 그래 이거야! 감사는 감사를 낳고 평화를 가져오는 거야. 이때 눈 밝은 친구가 한마디 한다. 역시 교수님은 다르시다며 한마디 한다. 난, 지그시 웃으며 마음으로는 멋진 가이드! 알베르토가 드디어 웃었어요! 하고 외치고 싶다. 그는 먹는 것을 좋아해서 먹는 것을 받으면 웃는다고 했는데, 바로 지금 그가 웃고 있다. 애플파이도 웃지 않을까? 참으로 기분 좋은 날이다. (2015)

발목에 점(占) 하나

　발목에 검푸른 점(占) 하나, 앞에서 보면 왼쪽으로 비스듬하게 조금 보일 듯 말듯한 점 하나, 언제인지 정확히 알 수 없는 세월을 함께 살아온 점 하나, 내 오른 발목 오른쪽에 자리한 점 하나. 슬며시 저절로 생겨나 나도 모르게 자란 점 하나, 아프지도 않으니 무심히 그냥 그렇게 함께 살아온 점 하나, 삶에 바빠 그냥 함께 지금껏 살아온 녀석이다.

　하지만 어느 날 우연하게도 손자가 발견하고 난 뒤부터 점 하나는 존재 이유가 분명해졌다. 어린 녀석에게는 신기했던지, 관심을 쏟더니 점을 꾹 눌러도 보고 핥아보려고도 하고 뚫어지게 보는 눈에 점 하나는 새로 태어난 듯 달리 보였다. 어느 날 나름 작정한 듯 점을 꾹 눌러본다. 하부지는 처음엔 아야 하며 놀랬지만 계속해서 눌러대는 바람에 하부지가 자동차 경적소리를 내버렸다. 빠앙 빵하니 녀석이 재미있단다. 그때부터 발목 점 하나는 손자의 장난감이 되었고 할아버지와 손자의 관계가 자동차 운전사와 자동차가 되어버렸다. 누르면 빠앙 하니 손자는 그냥 좋단다. 하부지 볼 때마다 그리하니 하부지도 손자와 친해지는 소일거리가 생겨났다. 그렇게 해서 점 하나는 분명 의미 있는 존재가 되었다.

  첫 손자가 자라 초등학교에 가고부터는 하부지 점에 관심이 뜸해졌고 이어 둘째 손자 녀석이 서너 살 때쯤 똑같은 행동으로 하부지와 자동차 경적 놀이를 이어 갔다. 딴은 쓸모없이 달고 다니고 싶었던 점 하나가 손자들에게는 쓸모있는 소중한, 누르면 소리 나는 장난감이 되어버려 웃음을 자아내는 기구가 되었다. 대단한 발견인 셈이다. 둘째도 셋째도 어느 정도 자라니 나의 발목 점에 관한 관심이 멀어져 갔고 발목 점은 예전처럼 쓸모없는 점 하나로 되돌아갔다.

  하지만 할머니의 전화 한 통에 점의 운명이 바람 속 촛불처럼 되어버렸다. TV에서 봤는데 나의 발목 점이 피부암 덩어리 같다며 가능한 빨리 피부과에 가라며 성화다. 단둘이만 사는 노년의 삶에서 할머니의 말씀은 성경 말씀처럼 귀하게 되었으니 어찌 거역할 수 있을까? 그래도 그동안 함께 했던 정을 생각해서라도 금방 갈 수가 없었고 또한 손자들의 추억이 담겨있으니 하부지로서 잘 간직해야지 그걸 애들한테 허락도 없이 없애버리는 것은 말도 안 된다는 생각도 들었다. 차일피일하다가 드디어 피부과에 갔다. 동네 피부과에 갔더니 진료결과 대학병원에서 조직검사를 받으란다. 귀찮음을 무릅쓰고 예약해 조직검사를 받았다. 부분 마취하고는 점 가운데를 칼로 째서 점 속 물질을 떼어내더니 다시 꿰매고는 일주일 후에 결과가 나온단다. 진료비에 조직검사비까지 합해서 거금이 들어갔다. 아깝다. 점 하나 그냥 끼고 살면 아무 이상 없을 텐데... 할머니가 TV 보는 바람에 혹시나 피부암이 아닐까 하는 추측으로 인해 거금을 쓰게 되었으니... 문제는 일주일 후, 조직검사결과를 보러 갔는데, 별다른 징후는 없단다. 하지만 차제에 점을 깨끗하게 없애 버리란다. 다시 수술 예약을 해서 수술을 받으란다. 없애지 않으면 무슨 문제가 있느냐고 물으니 조직검사결과 없애는 것이 좋겠다는 소견이 있다면서 그래도 환자의 선택이 최우선이란다. 의사 앞에서 어쩔 수 없이 수술 예약을 해놓고 나오면서 수술하는 쪽보다 수술하지 않는 쪽으로 맘이 기울었다. 손자들의 추억이 담긴 보물 같은 점을 감히 없앨 수는 없는 일이다. 혹시나 내가 죽어 손자가 나의 몸을 볼 수 있다면 다른 것보다 발목의 점이 없으면 하부지가 아니라고 하면 어쩌나? 점이 없다면 얼마나 섭섭해할까? 생각에 생각이 꼬리를 물고 일어난다. 그때부터 고민이 이어진다.

  시간은 흐르고 수술 예약 날이 가까워진다. 초조해지는 마음에 수술을 해야 하나? 말아야 하나? 마음 졸이다가 결국은 전화를 걸었다. ARS 전화를 걸어 단계별로 따라 하니 예약취소는 2번을 누르시면 된단다. 아주 간단하게 키패드의 번호를 눌러 예약취소를 하니 마음이 하늘을 나는 것 같다. 문제는 할머니의 관심이다. 수술을 왜 안 했느냐면 어찌 해야 하나? 핑계를 둘러댈 채비를 단단히 해야겠다. 발목 점 하나, 다시 보인다. (2022)

히사코 아줌마

"히사코데스까? 와다구시와 하야시데스요."

나도 모르게 튀어나온 엉터리 일본말. 히사코 맞죠? 나 무슈 림 (Monsieur Lim)입니다. 히사코 아줌마는 그녀의 아들과 며느리, 손자까지 데리고 난생 처음 한국에 발을 들여놓았다. 나를 알고부터, 한국에 오고 싶었단다. 난 아내와 함께 이들이 투숙하고 있는 이태원의 어느 호텔로 간다. 그녀는 언제나처럼 화사한 웃음이 넘쳤다.

어느 날, 꽁트르쁘앵 판화 공방(Atelier Contrepoint)에 들러 공방장을 만나 판화를 배우러 왔다고 하니 한 묵 화백으로부터 전화 받았다며 한 달 후에 오란다. 퀴퀴한 동판 부식 냄새를 뒤로하고 한 달 후, 헥도트(Hector)한테서 판화기초공법에서부터 부식법, 프린트법, 다색기법 등을 직접 배웠다. 물론 화학약품에 아연판도 부식해보고 프린트하기를 한 달 실습한 뒤, 무슈 림도 창작자라며 이제부터 당신 맘대로 하라며 망아지를 풀밭에 풀어놓듯 자유를 준다. 기쁘지만 막막했다. 가르치던 대로 따라만 하던 초보자에게 이제 당신도 예술가이며 당신이 만드는 것이 당신 작품이란다. 그리고는 나의 첫 작품 프린트한 날, 작품품평회를 하고는 바로 옆집 카페에 그날 작업하러 온 학생 모두 카페에 모여 드미(demi : 생맥주) 한 잔씩 마시며 축하 행사를 치러준다. 기분이 날아갈 것 같다. 마치 책걸이하듯 실습생 딱지를 떼는 그런 날처럼 기분이 좋았다. 히사코 아줌마도 거기에 있었다. 같은 동양인이라고 통성명하며 불어로 인사를 나눈다. 일본인 특유의 발음이 재미있다. 그렇게 데면데면 인사를 나눈 사이였다.

  나의 판화 배우기는 그렇게 해서 6개월간 지속되었다. 파리 7대학 외래교수는 일 년 계약직인 외래교수 기간에 잠시나마 외도한 셈이다. 나름으로 좋아하는 것을 배운 셈이다. 그림 그리기를 좋아하는 나에게 판화라는 색다른 영역에 매력을 느끼게 되었다. 보통 판화가 아니라 다색판화였기에 더욱 빠져들게 되었다. 이런 와중에 인연이란 참으로 묘한 것이어서 많은 사람 중에 유독 한 사람과 특별한 인연이 맺어지게 되었다. 프랑스사람도 아닌 가깝고도 먼 나라 일본인이라니…. 파리 시내 볼 일 보러 나가게 되면, 우연하게도 히사코 아줌마와 마주치는 경우가 꽤 많았다. 마치 약속이라도 한 것처럼, 미술관 순례에서도, 어느 마트에서도, 소르본대학 근처 어느 길거리에서도, 우린 약속하지 않았는데도 자주 마주쳤다. 자연히 서로 친근감을 느끼게 되었고 더 친하게 말도 많이 하게 되었다. 그녀는 창문 있는 판화작품을 창작하는 데 아주 깔끔하다. 작은 작품교환도 하게 되었다. 라데팡스 아파트에 혼자 살고 있던 나는 어느 날 공방 사람들을 초대한 적이 있다. 서로들 먹을 것 준비해 와 파티하는 것이다. 헥토르를 포함해 공방 식구 가운데 친한 사람들이 다 모였다. 모두 좋아했다. 그렇게 해서 인연을 쌓아간 꽁트르쁘앵 식구들과의 밀월은 어느덧 이별 시간이 되었다. 귀국해서도 한동안 공방 분위기가 가끔 생각이 났다. 이런 가운데, 히사코 아줌마가 가족을 데리고 서울에 난생처음 방문한단다. 반가웠다. 하지만 강의 때문에 함께 관광이라든지 안내를 직접 하지 못해 여간 미안하지 않았으나 아들이 있어 다행이었다. 짧은 일정은 더욱 짧게 지나갔다. 그렇게 한국을 다녀간 뒤로는 서로 삶에 구속이 되어 연락도 자주 하지 못하고 결정적으로 서로 소통하던 이메일이 바뀌어 소통이 끊겨버린 지 몇 년이 흘렀다. 일상이 무심하게 흘렀다.

2021년 7월 22일 도쿄올림픽 오픈 하루 전날, 내 메일 속에 히사코 아줌마의 생일이 7월 22이니 축하 메시지를 보내지 않겠느냐는 메시지가 우연히 떴다. 순간 미안했다. 사람의 인연이 맥없이 스러져버린다면 얼마나 삶이 허무하겠는가? 더구나 나이가 80이 넘고 보니 지난날들이 그립고 그지없이 아쉬움뿐이다. 한국방문 때 좀 더 친절하게 안내했으면 좋았을 걸 하는 아쉬움이 밀려온다. 곰곰이 생각해보니 파리에서 활동하는 지인이 히사코 아줌마와 친하다는 생각이 떠올랐다. 연락하니 반가워하며 히사코 아줌마의 소식을 전해준다. 그녀도 오랜만에 나 때문에 히사코 아줌마와 연락을 해봤단다. 그녀는 올해 88세를 맞으며 그간 3년마다 파리에 다녀갔는데 최근에 갑자기 폐를 수술했고 조금은 치매기도 있단다. 근황을 들어 좋지만, 건강이 안 좋으니 마음이 짠했다. 게다가 나를 기억하지 못한다는 것이 여간 마음을 아프게 하지 않는다. 이를 어쩌나? 다시 연락해 히사코 아줌마의 새 이메일 주소를 알려달라고 한다. 어찌할 것인가? 옛 추억에 매달려 날 어찌 잊을 수가 있느냐며 하소연을 해야 하나? 아니면 그럴 수 있지 하며 바람 스치듯 지나가야 하나? 우선은 연락을 해야 하나? 하지 말아야 하나? 나름 조용히 지내는 그녀에게 혼란을 일으키는 계기가 되면 어찌하나? 이러지도 저러지도 못하고 고민만 하고 있는데 책상 위에 꽂혀있는 그녀의 판화 한 점이 눈에 들어온다. 나에게 보낸 그녀의 글씨체가 있으니 나름 통하는 것이 있지 않을까? 이메일을 보내고는 오지 않는 답신을 지금도 기다리고 있다.
(2022)

〈눈길〉을 읽고 나서

〈눈길〉이란 고인수 신부의 가톨릭 다이제스트 연재 최종회를 읽고 나서 신부님의 맑은 얼굴이 떠올라 신부님과의 인연을 몇 자 적어본다. 그분은 가셨지만, 그분이 이룩한 예수 작은형제회의 성장이 있으리라 확신한다. 그분의 따스한 눈길이 잊혀지질 않는다. 임문영의 〈눈길〉을 읽고 나서는 '뱅상 꼬르뻬 신부'(2022.9월호)로 가톨릭 다이제스트에 게재되었다.

    나와 뱅상 꼬르뻬(고인수) 신부님과의 인연은 70년대 초반 프랑스 파리 외방선교회 소속인 데썅신부님의 소개로 맺어졌다. 당시 나는 알리앙스 프랑세즈에 근무하고 있었으나 유창한 불어회화에 목말라 하던 중, 꼬르뻬 신부님을 만나 언어교류를 하게 되었다. 초등학교 국어책을 교재로 한글을 신부님께 가르치고 나는 불어회화를 배우는 계기가 된 것이다. 장소는 당시 삼선교, 신부님이 거주하시는 셋방에서 진행되었다. 보기에도 신부님은 아주 검소한 생활을 하시었다. 살림이 거의 없었다. 신부님은 어느 성당에도 소속되지 않으신 것 같았다. 당시에 나는 감리교회 신자로 가톨릭교에 대해선 깊이 알지 못했다.

다음으로는 유네스코 한국위원회가 발행하는 불어 계간지 〈르뷔 드 꼬레〉 편집자로 자리를 내가 옮기는 바람에 신부님과 두 번째의 인연을 맺게 된다. 불어 계간지는 우리나라 문화를 불어 지역에 소개하는 것으로 불어 교열자가 꼭 필요하다. 따라서 꼬르뻬 신부님을 추천했는데 처음에는 승낙하지 않으셨다. 오히려 우리와 관련이 있는 인쇄소에서 일하셨으면 하시는 것이 아닌가? 해서 간곡히 부탁을 드려 교열자로 함께 일하게 되어 불어로 번역된 원고를 신부님이 교열을 맡아 하셨다. 교열은 한글을 이해해야 하지만 동시에 불어도 이해해야 하므로 여간 힘든 작업이 아니다. 하지만 신부님께선 꼼꼼하게 교열을 봐주셨다. 이렇게 해서 70년대 중반을 함께 일하게 되었다. 교열원고를 가지고 오시는 날이면 거의 매번 유네스코 뒤편에 있는 삼계탕집에서 함께 삼계탕을 먹으며 안부를 묻곤 했다. 신부님은 프랑스인들은 닭을 먹을 줄 모른다며 유독 삼계탕을 좋아하셨다.

어느 날 유네스코로 찾아오신 신부님께서는 느닷없이 한글 이름을 지어 달라고 하시는 것이 아닌가? 실은 당연한 것 같지만 곰곰이 생각해보니 신부님께서 나를 생각하시는 바가 여간 깊지 않은 것이 아닐까? 생각하니 가볍게 생각할 일이 아니었다. 하지만 신부님과는 정말 허물없는 어찌보면 부자지간(父子之間) 같은 사이가 아닌가? 따라서 잠시 생각하다가 그 자리에서 바로 한글 이름을 꼬르뻬에서 고(高) 씨를(이는 신부님이 고 씨로 하자고 이미 생각해 오셨음). 이름은 성품이 착하고 어지시니 인(仁)자를, 그리고 그런 성품이 오래가고 또 오래 사시라고 목숨 수(壽)자를 붙여 고인수(高仁壽)라 지었다. 그 자리에서 바로 마음에 들어 하셨다. 그 뒤로 고인수 신부님으로 통했다.

어느 해인지는 기억이 없지만, 신부님은 1년간 알제리로 피정하러 가신 적이 있다. 예수작은 형제회의 창시자인 샤를 드 푸꼬신부가 피정했던 곳으로 가서 같은 체험을 하고자 사막 생활을 단독으로 기도하며 스스로 해결하는 생활을 하셨다. 그때 한국의 배추, 무, 시금치, 상추 등 씨앗을 가져가 직접 심어 해결하셨다며 말씀하시고는 알제리에 한국의 채소를 신부님이 전파하신 역할을 했다는 말씀이 생각난다. 사막은 약한 자를 지원해주지 않고 없애버린다는 말처럼 혼자 독방에서 기도하며 피정 생활을 체험하셨다. 그분과 함께 하는 생활을 직접 체험함으로써 영적인 수도 생활을 영위하고 실천하시는 신부님이셨다.

덕소로 거처를 옮기셨을 때, 한번은 우리 가족을 몽땅 초대한 적이 있다. 아들 둘이 있는 우리 가족은 덕소 과수원 신부님댁을 방문했다. 집이 있고 작으나마 성소를 마련해 놓았다. 우리 모두 신부님과 함께 성소를 방문해 신부님이 마련한 성소를 볼 수 있었다. 그때까지만 해도 우리 가족은 감리교회를 다니고 있었다. 하지만 신부님의 검소한 생활에 감복할 따름이다. 가난한 이들과 함께 하는 본인 자신도 가난하고 검소하게 살아가시고 있다. 당시 손수 밥상을 차려주셨다. 땅속에 묻어둔 묵은 김치를 오랜만에 먹은 기억과 개를 기르고 있었는데 우리 집 큰아들이 정말 개 같은 개라고 얘기해 한바탕 웃기도 했다. 이처럼 신부님은 덕소에 근거지를 마련해 나름의 신앙생활을 해나갈 수 있었다고 생각했다.

74년 파리유네스코 연수 과정에 참여하게 되었는데 신부님께서는 파리에 거주하는 동생 가족을 소개해 주셨다. 동생분은 회사원으로 많은 아이가 있어 등하교용 봉고차를 소유하고 있는 대가족이다. 어느 날 저녁 초대를 받아 대접받고 파리 야경을 구경시켜주어 흐뭇한 추억을 간직하고 있다. 당시 들은 이야기로 고인수 신부님은 노트르담 사원이 있는 씨테섬에서 태어나셨고 누님이 수녀라고 하셨다. 독실한 신앙을 가진 집안임을 알 수 있었다. 고 신부님을 알고 나서부터 신부님은 나의 신앙에 관해 물어본 적이 없으셨다. 그래서 어느 날 내가 신부님은 왜 신부님이 되셨느냐고 물어본 적이 있다. 한데 신부님께서는 예수님이 좋아서라고만 하셨다. 예수님이 좋아서라고 간단하게 말씀하셨지만 실은 간단하지 않은 그 말씀에 난 처음엔 조금 실망 같은 것을 느꼈지만 가만히 생각해보니 예수님을 좋아하는 그것 이외에 다른 무슨 말이 필요할까? 하는 생각에 이르러서는 정말 신부님을 좋아하게 되었다. 이 말씀 이외에도 우리 가족은 신부님을 좋아해 새해에는 신부님을 우리 집에 모셔 세배도 드리고 어는 때는 신부님댁에 아이 둘 데리고 세배하러 가기도 했다. 그럴 때면 호주머니에서 아이들에게 세뱃돈은 꼭 챙겨주시기도 하는 배려를 잊지 않으셨다.

  난 행운을 얻어 76년 프랑스 정부장학생으로 유학가게 되었다. 신부님도 좋아하셨다. 유학 중 어느 해인가 신부님이 파리에 오셨다. 예수작은형제회의 지망생들을 프랑스(앙제)대학에 유학시켜 철학과 신학을 공부시키기 위한 것이었는데 불어로 강의 듣기가 너무 어려워 신부님이 함께 등록하셔서 함께 강의를 듣고 그걸 수사 학생들에게 신부님이 다시 강의하시기 위해 오셨단다. 참으로 신부님다운 발상이라고 생각했다. 당시 나도 불어 강의 듣기가 어려워 힘들었기 때문이다. 이토록 신부님은 한국 예수작은 형제회의 수사님 교육에 남다른 노력을 기울인 것으로 안다. 한번은 프랑스 출신 수사님이 오셨을 때 한글을 신부님이 가르치시는 데 우체국에 관한 공부를 하면 꼭 우체국에 보내 심부름을 시키시곤 하셨다. 배움을 실천하는 교육을 하신 것이다. 그러시면서 한글의 어려움을 말씀하셨다. 신부님이 나한테 한글을 배우실 때도 많은 질문을 해서 내가 혼이 난 적이 한두 번이 아니다. 예를 들면 영희네, 영희네 집, 영희의 집 등이 어떻게 다른가를 물으시면 난감했다. 말로는 알면서도 불어로 설명하기에는 여간 힘들지 않았다. 이렇게 배운 한글을 수사지망생들에게 가르치시는 열의가 대단하셨다. 한때는 Y 대학에서 신부님을 불어회화 교수로 모시려 했으나 신부님이 한사코 교수는 할 수 없다고 단호히 거절하시는 바람에 난처한 일도 있었다. 오직 낮은 곳에서 낮은 자세로 가난한 사람들처럼 생활하는 가난한 신부님이셨다. 말씀에 따르면 한국에 오시기 전 베트남 철공소에서 18년인가 일하신 적도 있으시다고 하셨다. 해서 한국에 오셨을 때, 인쇄소 인쇄공으로 일하시면 좋겠다고 정식 일자리를 알아봐달라고 하신 적도 있다.

  유학을 끝마치고 귀국해 대구 계명대로 직장을 옮기게 되어 신부님과는 자주 뵙지를 못했다. 아주 가끔 대구에서 아니면 서울에서 뵙는 게 전부였다. 신부님은 제주도를 포함해 전국으로 돌아다니시면서 베트남인들을 도와주시는 일에 적극적이셨다. 어느 날, 동대문 시장에서 일을 보고 지나던 중, 아주 우연히 신부님을 길거리에서 만나 창신동 집에 가게 되었다. 언제나처럼 검소하게 그리고 가난하게 사시는 모습이 그대로였다. 방 하나. 신부님은 고혈압에 당뇨가 있어 운동하시는 중에 우리와 마주치게 된 것이란다. 뵙기에는 괜찮은 것 같지만 실제로는 건강이 좋지 않으신가 보다. 그런 연후에 한동안 연락이 없다가 신부님이 어느 수녀원에 요양 중이시다는 말씀을 간접적으로 듣게 되었다. 바로 찾아뵈었더니 가톨릭 수녀님이 운영하는 요양원인데 수녀님 말씀이 정신이 오락가락하신단다. 변하지 않는 신부님의 상징인 맑은 웃음만은 그대로인데 몸이 피곤하고 지쳐 보이셨다. 우린 감리교 신자에서 가톨릭 교인으로 세례를 받고 새로운 신앙생활을 하게 되었다. 막상 가톨릭 신자가 되니 신부님은 우리가 교우라는 사실을 알지 못하고 계시니 개인적으로는 안타깝기만 했다.

　아내와 함께 외출허가를 받아 신부님이 좋아하시는 삼계탕을 사드리고 싶어 신부님을 부추겨가며 근처 식당을 찾아갔는데 제법 거리가 먼 큰길가에 있는 삼계탕 전문집이다. 역시나 삼계탕을 맛있게 잡수신다. 나와 신부님은 만나면 삼계탕밖에 몰랐다. 오늘 먹는 삼계탕이 마지막이 될 줄을 아무도 몰랐다. 신부님은 별로 말씀이 없으셨다. 그냥 웃으시면서 식사만 하신다. 우린 신부님을 다시 모셔드리고자 택시를 잡는다. 제법 먼 거리니 신부님에겐 무리인듯싶어 택시로 모시기로 한다. 먼저 아내가 앞자리에 타고 난 신부님을 뒷좌석에 모시고선 뒤돌아 뒤옆자리로 가기 위해 문을 닫는 순간 택시가 떠나버렸다. 아마도 택시기사는 외국인을 모셔드리는것으로 착각한 모양이다. 신부님은 아무런 반응이 없으셨단다. 그냥 웃고만 계셨고 내가 옆자리에 타지 않았는데도 그냥 가만히 계셨단다. 한참을 가다가 아내가 내게 말을 걸었는데도 아무 말이 없어 뒤돌아보니 신부님 혼자 계시고 내가 없더란다. 기겁해 스마트폰으로 걸어보니 혼자 어찌할 줄 모르는 목소리였단다. 결국은 택시 탄 곳으로 되돌려 와 날 태우고는 다시 수녀원으로 되돌아가게 되었다. 이런 와중에 신부님은 아무것도 모르는 천진난만한 상태로 앉아 계시고 있다. 참으로 안타깝고 난감한 상황이었으니 우린 슬프기만 했다. 다시 바쁜 일상으로 돌아왔다. 어느 날 신부님이 돌아가셨다는 소식을 듣고는 마음이 아팠다. 연락해달라고 명함을 놔두고 왔건만 경황없는 상황이었으리라. 어찌하겠는가? 가시는 것도 뵙지 못했으니 더 슬프다.

    신부님이 가시고 나서, 한참 후 어느 날, 사진을 정리하다가 신부님과 함께했던 날들이 사진으로 남아있다. 우리 부부가 취미로 하는 그림 전시회(부부전시회) 때 오셔서 그림 감상하시는 신부님, 어느 그림 앞에서 몽당연필로 무슨 말씀을 적어주시는 신부님, 강화도 알리앙스 피크닉 때 혼자 앉아 도시락을 잡수시는 신부님, 덕소 과수원 작은 성소에서 찍은 봉사자들과 함께 찍은 단체 사진. 이 모든 것들이 사라지고 말 것들이지만 신부님의 노력으로 이뤄진 한국 예수 작은 형제회는 영원하리라 믿는다. 신부님의 맑은 웃음이 저절로 떠오르며 가난하고 검소한 삶이 결국은 훌륭한 신앙의 힘이요 주님과 함께 한 삶이었구나 생각하니 더욱 신부님이 보고 싶어진다. (2020)

코로나가 삶을 바꾸다

　우리 부부는 마음이 들떠 있었다. 2020년 4월에 프랑스여행 항공권을 예약해놓았고 게다가 항공마일리지를 활용해 처음으로 프레스티지석을 예약해놓았기 때문이었다. 우리 부부가 70대 후반으로 들어서면서 어쩌면 마지막 유럽여행이라 생각하고 계획한 것이다. 그간 유럽 특히 프랑스를 10여 회 들락거렸으니 내 생애의 상당한 몫을 보낸 곳이기에 움직일 수 있을 때 옛 추억을 더듬어보고 싶은 나름 비싼/호화로운 생각을 품은 여행계획인 셈이다. 하지만, 코로나가 여행의 발목을 잡고 말았다. 한번 연기를 했다가 아예 여행계획을 취소할 수밖에 없었다. 언제쯤 갈 수 있을까? 예의주시하고 있지만 걱정만 앞선다. 요즘 프랑스의 코로나 사태가 심상치 않기 때문이다. 3월 들어 프랑스 정부에선 파리지역과 오트 드 프랑스 그리고 노르망디 일부 지역 등에 특별 봉쇄조치를 1개월간 시행하겠다고 발표했으니 더욱 걱정이 앞선다. 그저 막막하기만 하다. 이렇듯 코로나 사태는 우리의 꿈과 일상생활을 어떤 면에서는 송두리째 바꿔놓은 생애 최악의 이변이 아닐 수 없다.

 꺼리던 마스크 쓰기에서부터 손 세척에 거리 두기가 일상화되었으니 말이다. 요즘은 어린애까지 마스크를 쓰고 유모차를 타고 다니는 것을 보고 또 녀석이 마스크를 쓰고/걸치고 아장아장 걸음마를 배우는 광경을 보고 80 노인은 하늘을 보며 눈시울을 닦는다. 그뿐이랴 확진자가 기승을 부리거나 집단 내 확진자가 발생하면 재택근무가 일상이다. 특히 집에만 있는 기간이 늘어나면서 삼시 세끼를 먹는 어르신 부부는 배달음식으로 때울 때가 많아지면서 집밥을 고집하는 어르신들의 습관이 부부갈등에서 졸혼에서 이혼까지 이어지는 불상사가 생기기도 한단다. 2019년 비만 현상이 전년 대비 6배나 늘었단다. 장기 집콕으로 인한 정신적 고통도 심해 우울증에서 불면증까지 늘어나는 추세란다. 초기 확진자 수가 교회를 중심으로 늘어나는 바람에 교회에 대한 신뢰도까지 저하되는 현상을 가져 왔단다.

 코로나바이러스 감염으로 사람 간의 접촉이 크게 위축되고 금지되어 온 지 1년이 지났다. 지금은 조금 소강상태이다. 아스트라제네카 백신주사를 시작으로 희망이 서광처럼 보이는듯하다. 그런데 갑자기 혈전으로 사망사고가 일어나면서 아스트라제네카 백신주사에 대한 불안 내지는 두려움으로 백신주사 맞는 것도 주저하고 두려워하는 불안의 시대가 도래했다. 더불어 확진자 수가 줄어들지 않음으로써 사회적 거리는 계속 유지되어야 하는 일상생활의 불편이 이어지고 있다. 사람 간의 만남이 가족 간에도 만나지 못하는 상황에까지 이르게 되었으며, 지난 명절 때는 사회적 거리뿐만 아니라 4인 이상 모임 금지조치로 고향에 내려가 부모님께 세배도 못 하고 영상 세배를 드려야 하는 불편을 겪었다. 우리 가족도 큰애 가족 3인만 찾아오고 작은애 가족 4인은 '영상 세배'로 대체했다. 사람 간의 접촉금지는 영업 제한 및 금지를 가져와 커다란 사회적 불만의 씨앗이 되었다. 이로써 사회적 상호작용을 꺼리게 되고 이윽고 고립 내지는 자기 세계 속에 빠져버리는 경우까지 생겨났다.

이런 상황에서도 한편 바람직한 경우는 고립이 긍정적인 효과를 가져온다는 점이다. 일상의 바쁨으로 자신을 돌볼 시간과 기회가 없던 대부분 사람이 고립되면서 자신의 내면을 관찰할 수 있는 시간을 갖게 되어 자기의 내면화를 생각할 기회가 된 점이다. 이와 더불어 책을 읽는다든지, 가까운 사람(가족, 부부, 아이들과의 교류) 간의 상호작용이 더욱더 좋아졌다는 점은 긍정적이다. 하지만 자아실현이나 자기 세계 속에서의 즐거움 발견 등이 긍정적이지만 사람은 홀로 살아갈 수 없음과 같이 다른 사람과의 사회화, 곧 공유의 맛을 누리며 살아가는 사회적 연대감이 필요하다는 점이며 이런 점에서 일상생활의 일상화가 회복되어야 할 것이다. 카페에 앉아 사람들이 지나다니는 것을 관찰하면서 얻어지는 삶의 희열과 기쁨은 일상적이고 작은 것이지만 살아가는데 하나의 에너지가 되는 것이다.

 다른 한편, 도시 속에 일상을 살아가는 사람들은 봉쇄 기간에 겪는 불편함과 지겨움은 주거공간과 주위환경 속에서 누리는 자유로움을 부러워하게 되었다. 좁은 공간에서 다른 사람들과 접촉을 할 수 없이 삼시 세끼를 집안에서 해결해야 하는 반복적인 삶은 곧바로 부부의 정을 두텁게 해주는 예도 있지만, 오히려 부부간의 갈등을 일으키는 원인도 되어 좁은 도시의 주거공간과 주위환경의 이용할 수 없는 환경은 이런 어려운 상황에서는 대도시가 이로움보다 오히려 불편하고 지겨운 주거지가 되고 만다.

 이런 점에서 중소도시의 이점이 코로나 사태에서는 이점이 많다. 우선 주거지를 조금만 벗어나도 산책할 수 있는 호수나 공원이나 산이 있어 맑은 공기를 마시며 제한적이나마 자유로움을 느낄 수 있는 여유로움이 있다.

 따라서 유럽 특히 프랑스에서는 코로나 사태 이후 중소도시 주민 5만에서 10만 정도의 규모가 인기가 있다. 대도시탈출 현상이 이어지고 있는 현실이다. 자연 속에서 일상을 누리고 출퇴근이 가능한 대중교통 수단이 가능한 곳을 선호하는 편이다. 인구와 부(富) 그리고 직업과 생활양식의 표준이 집중/편중되어 경쟁을 유발하는 대도시들의 이점은 그동안 크게 주목을 받아온 것이 우리네 삶의 일반화 현상이었다. 따라서 대도시로의 집중화 현상은 한국이나 프랑스나 중앙화 현상이 크게 두드러져 왔다. 하지만 이번 코로나 사태로 인해 많은 대도시민들이 안락한 작은 도시를 선호하는 경향을 보인다.

"파리에서 12년간 살아온 39세 직장여성은 렌느(Rennes)로 이사해 온 뒤 만족을 느끼고 있다. 녹지대와 문화유적이 있고 쉽게 이용 가능한 편리한 생활 시설이 있는 이곳은 파리보다 주거공간이 2배 넓고 정원이 있으며 주거비/생활비가 절반이 싸고 영화관, 연극공연관, 인터넷 공간 등 문화시설을 이용할 수 있다. 다만 대형공연물을 관람할 땐 파리왕래교통수단을 이용해 관람할 수 있어 만족해한다. 또 다른 사례로는 비시(Vichy)로 이사 온 45세 남성은 휴가를 다녔던 이곳으로 이사 왔는데 재택근무와 원격근무제로 일주일에 2번 출근하면 되기 때문에 파리에서보다 훨씬 안락하게 삶을 누리고 있다. 최근 피가로 일간지에 난 기사에 따르면, 인기 있는 20개의 살고 일하고 싶은 녹색도시는 앙굴렘(Angoulême), 프와티에(Poitiers), 캥페르(Quinper), 아라스(Arras), 뚜르(Tours), 렌느(Rennes), 르망(Le Mans), 낭시(Nancy), 앙제(Angers), 부르즈(Bourges), 리모즈(Limges), 몽토방(Montauban), 오르레앙(Orléans), 아쟁(Agen), 꼴마르(Colmar), 발랑스(Valence), 브레스트(Brest), 생브리윽(Saint-Brieuc), 브리브 라 가이야르드(Brive-la-gaillarde), 아미앙(Amiens)이 각광받고 있다." (참고: 2021. 3.1자 피가로(Figaro)일간지)

우리 부부도 38년간 서초동에서 살다가 3년 전에 이곳 광교신도시로 이사 왔다. 호수를 낀 공원이 있고 광교산으로 이어지는 녹지대와 둘레길이 있고 아파트에서 나가면 바로 정원 같은 공원으로 이어진다. 서초동보다 주거공간이 넓고 저렴하며 생활비도 싼 편이어서 나름 편안한 삶을 누릴 수 있다. 더구나 은퇴한 사람은 출퇴근도 필요 없고 친구를 만나려면 상현역에서 신분당선 타고 30여 분이면 바로 강남역이니 그전에 누렸던 강남에서의 삶과의 연계 고리도 쉬워 나름 만족해한다. 또한, 아내는 자동차 소음 없는 아파트에서 불면증 없이 새소리 들으며 살아가고 있어 다행이다. 삶은 선택이다. 자연과 가까운 삶은 행복의 기초이다.

언젠가는 일상생활의 회복이 이뤄지리라 믿는다. 하지만 과거와는 다른 형태의 일상생활이 이미 시작되었다. 이처럼 옛것은 새것에 수렴되어 사라지고 또 다른 새것이 만들어지는 것이 바로 문화인 것이다. 새로운 문화 속에 새 삶을 영위해야 하는 경계선에 있는 오늘의 현실이 우리에겐 지겹게 느껴지고 두렵기까지 할 것이지만, 또 다른 측면에서는 호기심을 자아내는 것이기에 삶은 그만큼 풍요로워지게 될 것이다.
(2021)

루이뷔통 재단 미술관

    2023년 3월15일부터 4월12일까지 한 달간 파리에 체류한다. 코로나로 인해 미뤄왔던 파리여행이 드디어 실현되어 기쁨을 감추지 못했다. 아무튼, 유학 시절의 추억의 장소들(미술관, 국제기숙사, 공원들)도 돌아보고 먹고 싶었던 음식들(바게트, 쿠스쿠스, 송아지요리), 그리고 지인들과의 정, 인연 따라 만나는 여행의 묘미를 마음껏 느끼고 실행하고픈 어찌 보면 80대 나이에 마지막 장거리 여행일 수도 있겠다 싶은 그런 여행이다. 장소나 음식이야 찾아 먹으면 되지만 아쉽게도 오랫동안 사귀어온 지인 가운데 타계하신 분들이 있어 자못 슬픈 여행도 되었다. 이번 파리 한 달 살고 귀국해서 생각나는 것 하나만을 소개하라면 단연히 루이뷔통 재단 미술관이다.

    사실, 루이뷔통 하면 유명가방과 핸드백 등 패션으로 돈을 번 재단이니 미술관 하나쯤 건설해 파리에 기증해도 아무도 놀라지 않을 것이다. 실제로 미술관 건립계획은 6년여 논쟁 끝에 55년 후 무상으로 파리시에 귀속한다는 조건으로 탄생하였다. 파리 불로뉴숲은 파리의 허파 역할을 하는 대단위 숲지대로 1층 이상 건물이 금지되어있지만, 국제적 자산이 될 루이뷔통 미술관 건축은 허용되었다. 건축 기술상 관습과 전통을 무시한 자유분방한 장대한 건축물은 흐르는 물로 건물의 역동성을 살리고 계단식 폭포로 살아 움직이는 물고기를 연상시키는 물 위에 떠 있는 돛을 단 배의 모형을 띠고 있어 건축 당시뿐만 아니라 지금도 주목을 받고 있다. 공원을 떠다니는 유리 배, 입체주의 물고기, 빙산이라는 별명 이외에도 산산조각이 난 루이뷔통의 향수병이라는 비아냥하는 비판도 함께 듣고 있다.

2014년 캐나다 건축가 프랭크 케리(Frank Gehry)가 디자인 맡아 건축했는데 소규모의 음악공연뿐만 아니라 상설전시와 기획전시(11개의 개별갤러리)가 주를 이루는 미술관이다. 억만장자의 자본과 거장의 창작혼이 이룩한 명품 미술관은 2014년에 개관되어 지금까지 명품 미술관으로 유지되고 있다 하겠다.

민박집 주인인 마담 손이 미술관 관람을 12시에 예약(16유로x2)해 놓았단다. 고맙다. 함께 가자고 약속했으나 일이 생겨 우리 둘만 가게 되었다. 해서 언제나처럼 집에서 넉넉히 출발한다. 민박집 앞 버스정

류장에서 290번 타고 발드 센느((Val de Seine)역에서 내려 PC로 바꿔탄다. (트램웨이가 아직 연결되지 않은 곳은 아직도 외곽버스가 운행되고 있어 신기했다. 국제기숙사에 있을 때 항상 타고 다녔던 PC였기 때문이다). 블로뉴숲정거장에서 내려 한참을 걸어가니 마샬 프루스트(Marcel Proust)가 어렸을 때 즐겨 찾았던 어린이공원(Jardin d'Acclimatation)이 나온다. 먹거리와 놀이기구들이 근거리에 있어 어린이들이 놀이기구를 타고 즐겁게 놀고 있다. 우린 루이뷔통 미술관에 12시 예약되어 있어 부리나케 걸어간다. 미술관 관람 후 다시 어린이공원을 둘러본다. 우연히 고건 서울시장 때 서울정원이 건립되어 있음을 알고 반가웠다. 이른 봄이라 그런지 조금은 쓸쓸해 보였다. 루이뷔통 미술관은 외견상 우선 압도적이었고 알래스카 크루즈여행때 본 '빙산' 같기도 했고 '공원을 떠다니는 유리 배' 같기도 했다. 마침 장 미엘 바스키아(Basquier, 1960-1988)와 앤디 워홀(Andy Warhol, 1928-1987) 특별기획전이 열리고 있어 호기심을 크게 불러일으킨다. 미국의 팝아트의 선구자인 워홀과 그가 발굴한 지하철 크래피터 바스키아의 많은 그림을 감상할 수 있어 큰 기쁨이 되었다. 어려운 환경 속에서도 밝은 색채를 쓰고 그 속에 고독감이 깃들게 하는 에너지 넘치는 미국 화가들의 걸작들. 아내와 나는 사람들 틈에 끼여 그림 감상하느라 발이 아픈 줄도 모르고 한참을 걸었나 보다. 피곤함을 느낄 때쯤 우린 공원 쪽으로 발길을 옮긴다. 마침 시인들의 패널을 전시해 시(詩) 전시회를 열고 있다. 하나하나 사진을 찍어 둔다. 시간 있을 때 읽어보고 싶어서다. 공원 내 간이식당에서 늦은 점심을 먹는다. 방문객들을 보니 젊은 엄마·아빠가 육아에 전념하나 보다. 함께 여유 있게 놀아주는 젊은 부부에게 행복이 절로 피어나는 것 같다.

미술관 전시를 보고 난 뒤 늦은 점심을 먹으며, 우린 오래된 루이뷔통 가방/핸드백에 관한 이야기를 꺼낸다. 20여 년이 지난 일들이니 지금 무슨 얘깃거리가 되겠는가마는 그래도 당시를 생각하면 명품핸드백이 갖는 의미가 사회계급을 상징하는 물건으로 자리 매겨져 있어 돈푼깨나 있는 분들이 파리에 오게 되면 명품을 사려고 샹젤리제 루이뷔통 매점에 줄을 서서 기다리는 광경이 당시 유학생인 나에겐 신기하기도 하고 어설프기도 했지만 실제로 그러했다. 미국에서 온 지인 부부도 우리가 안내해 줄을 서서 핸드백을 산 적도 있고 하나 더 사고 싶어 골치 아픈 나를 빼놓고 아내만 살짝 데리고 백화점 루이뷔통 전문점에 들려 핸드백을 사 들고 왔다니 비판? 받아 마땅한 것이 아닌가? 또 다른 지인 부부는 루이뷔통 핸드백을 사려고 며칠을 호텔에 묵으면서 몇천만 원짜리를 샀다는 이야기를 들었을 때는 정말 돈푼깨나 있는 분들이 돈을 흥청망청 쓰는가보다 싶어 사회학도인 나에게는 우리나라의 부의 분배가 너무 불평등하게 배분되었고 사회적 상징을 명품으로 과시하려는 과시 욕구가 명품으로 드러난다는 사실에 분노했던 유학 시절도 있었다. 아무튼, 명품을 갖고 싶은 사람들이야 정말 명품들일진대 누가 뭐라고 할 수 있겠는가? 블로뉴숲 속에 거창하게 배처럼 숲을 해쳐 예술의 바다를 항해해가는 그 창조적 정신이 진정한 명품이 아닐까? 루이뷔통 미술관처럼 명품정신은 살아 있어야 한다. (2023)

오랑캐꽃

오랑캐꽃이 시들어 있다. 〈*Das ist violettes*〉라고 익살스러운 독일어 표지와는 상관도 없이 말이다. 그토록 선명한 자태는 어디로 갔는지 보이지 않고 고개 숙여 말이 없구나….

새 직장이 있는 대구로 내려온 뒤부터, 작은 화분 늘려가는 재미가 내 생활의 일부분이 되었다. 포기를 가르거나 잔가지를 꺾어 유리 물컵에 담아 뿌리가 내리면 다시 작은 화분에 옮겨 심는다. 이런 재미로 아침에 연구실에 도착하자마자 눈길이 작은 화분으로 직행한다. 어제 심은 앉은뱅이가 제정신을 차렸나 궁금해 가보면, 새 생명을 탄생시킨 것 같은 느낌에 공연히 기분이 들뜬다. 자라는 모습들이 사뭇 형형색색이다. 이렇게 작은 화분이 하나둘 늘어나 벌써 다섯 개나 되고, 두 개는 아직 물컵 속에서 뿌리내리는 중이다.

프렌치 클로버는 며칠 전, 뒷집에서 얻어온 녀석이다. 아침마다 새 이파리를 쳐들고 햇빛을 받아 이내 분홍빛 밥알같은 꽃들이 화사하게 웃어 재끼는 듯하다. 저녁이 되니 피곤하다며 잎을 움츠리고 잠자듯 한다. 양달개비는 서울서 납치되어 온 녀석으로 이제 대구 친구도 생기니 제법 의젓해졌다. 흰파랭이는 갖은 고생 다 겪다가 드디어는 산발을 하고 있지만, 그래도 최고 고참으로 화초 가족들을 이끌어 가나 보다. 작은 화분들을 보고 있노라면 마치 *Small is beautiful.*처럼 작은 것이 아름답기만 하다. 작은 화초들로 둘러싸인 연구실 분위기, 이런 연구실 속에서만 지내다가, 어느 날 문득 버스를 타고 밖으로 나가 산책을 했으면 하는 마음에 사로잡혀 고만 일탈행위를 하고 만다. 딴은 출근 때마다 곧장 직행하다가 학교 안으로 꺾어 들어오는 길, 바로 거기서 계속 가보고픈 충동과 호기심이 솟아 난 것이다. 따가운 햇볕도 아랑곳하지 않고 일반 버스를 타고 가다가 종점에서 돌아오면 되리라 생각하며 정한 곳도 없이 그렇게 문득 버스 타고 떠난다. 오늘에서야 이 길을 가보는구나 싶어 혼자 괜히 들떠 있다. 가보지 않은 곳에 대한 호기심의 발로와 더불어 이렇게 쉬운 것을 여태껏 못 해봤나 하는 질책이 한데 섞인다. 하지만 일단 실행을 하니 이렇게 쉬운 것을, 그리고 이렇게 기분이 상쾌한 것을, 여태껏 어떻게 참아왔나 하는 생각까지 들 정도이니 참 잘했다 싶다.

　　강정이란 종점에 내려 조금 걸어 들어가니 낙동강이 유유히 흐른다. 하지만 연구실에서 보던 그런 낙동강이 아니라 직접 와서 보니 생각보다 작아 보인다. 흐르는 낙동강 물을 물끄러미 들여다본다. 순간 '수상한 사람…. 신고하면….'이라 쓰여 있는 강둑 한켠에 을씨년스럽게 서 있는 푯말이 눈에 거슬린다. 잉어찜이란 간판이 눈에 확 들어온다. 그리고 훤칠한 느티나무도 시원하다. 이제야 되돌아가기로 작정한다. 하지만 전혀 낌새가 보이지 않는 버스를 기다리느니 차라리 논두렁밭두렁을 가로질러 걸어서 산책하는 마음으로 되돌아간다. 바로 공사장을 지나 먼저 둑길을 걷기 시작한다. 문득 추억의 여신이 나를 어린 시절로 이끈다. 농촌 마을에서 피난 생활할 때, 경험한 메뚜기 잡아 벼 이삭에 꿰어 집에 들고 와 불에 구워 먹던 추억, 고추잠자리 잡기, 흙 구슬치기, 외발 스케이트 타기, 구멍 파서 오물 넣어 골탕 먹이기, 콩 타작하기 등등. 갑자기, 콩 구워 먹다가 시커멓게 된 얼굴들을 떠올리며 하늘을 우러러본다. 그리고 계속 걸어가다가 만난, 아! 저기 저 오랑캐꽃, 강둑 양지바른 곳에 함초롬히 피어있는 보랏빛 오랑캐꽃 무리, 내게는 아픈 추억의 꽃이란다. 어린 피난 시절 책보자기를 어깨에 메고 다니던 그때 누이와 함께 오랑캐꽃 따서 머리에 꽂고 철길 따라 10리길 학교 다녔던 그 시절이 떠올랐다. 순간 소유하고픈 마음이 인다. 아무런 도구가 없다. 오랑캐꽃을 그냥 구둣발로 꽃 언저리를 살살 짓이겨가며 한 포기를 뿌리째 추려낸다. 그리고 근처에 버려진 청자 담뱃갑을 주어 옮겨 넣고는 또 한 포기를 더 뽑는다. 해서 모두 네 포기나 뽑아 드디어는 내 하얀 손수건에 싸 들고 온다. 연구실로 와서는 화분에 심어놓고는 *Das ist violettes.*

라는 이름표를 달아 준다. 있는 그대로의 오랑캐꽃, 진한 보랏빛 덩어리. 너무 흡족한 마음이다. 그러나 하루가 지나 오랑캐꽃은 야생의 터전을 못 잊는지 아무리 정성을 들여서 해놓은 예쁜 화분도 마다하고 결국 시들어 버렸다. 시들어 빠진 오랑캐 같은 꽃, 나는 쳐다볼 수가 없다. 창문 너머로 보이는 느티나무의 행렬은 오랑캐꽃의 혼을 모셔가듯 움직이기 시작한다. 낙동강 물줄기 따라 휘이 휘이 이제가면 언제오나 훠이 훠이… 오랑캐꽃은 그렇게 본향으로 가버렸다. (1985)

손뜨개질

    올해를 유엔이 가족의 해로 정한 것을 보면, 오늘날의 가정이 제대로 굴러가고 있지 않구나 하는 우려의 생각이 먼저 든다. 오늘날 가족이 왜 특별한 사회적 또는 국제적 관심의 대상이 되는 것일까? 관심의 대상이 된다는 것은 좋은 의미에서는 본보기의 대상이고, 나쁜 의미에서는 이대로 두어서는 안 되겠다는 우려, 또는 경종의 의미가 깃들어 있다고 보겠다. 사실, 인류 역사와 함께한 가족제도는 앞으로도 인류 역사와 운명을 같이 안고 있다고 확신할 수 있다. 왜냐하면, 아무리 가족에 관한 문제들이 많다고 해도 그것은 가족제도 자체에 관한 문제가 아니라 가족의 형태나 의미의 변화이기 때문이다. 문화 인류학적으로 가족이란 원래 결혼한 부부와 거기서 태어난 아이들을 일컬어 가족이라고 한다. 하지만 오늘날 이 원론적인 가족에 대한 개념과 의미가 많이 희석되었다. 우리의 부모님들이 지녀왔고 우리가 지켜야 할 그것으로 기대된 전통적인 가족 규범들이 급격한 산업화와 도시화로 인해 매우 달라졌다. 말하자면, 가족의 근본인 결혼형태와 의미가 크게 변했고 앞으로도 더욱 변할 조짐이 보인다. 쉽게 결혼하고 쉽게 이혼한다든지, 시부모님 모시기가 싫어서 사랑하는 장남과 결혼을 피하고, 외아들이 결혼 상대로 인기가 있다든지, 사회 활동하기 위해 애 낳기를 미룬다든지, 동거나 계약 결혼(서구제국들에서 성행하지만)을 한다든지 등등 결혼형태와 의미가 크게 달라졌다. 한마디로 많이 변했다는 생각이 든다. 하지만, 사회가 변하면 모든 것들이 변하게 마련이고, 사회가 변하면 사람도 변하고 결혼도 가족도 변하게 마련이다. 하지만 변하지 않는 것이 있는데, 그것은 바로 진정한 의미의 결혼제도 또는 가족제도인 것이다. 데카르트는 명확하고 확증된 것을 진리의 근거로 삼았는데, 가족에 있어서도 명확하고 확실한 것은 애정을 바탕으로 한다는 것이다. 가족의 진리는 애정이요 그 가운데에서도 엄마의 사랑이 으뜸인 것이다. 가족 문제를 다룰 때, 흔히 여성들의 변화에 따른 문제들을 지적할 때가 많다. 1970년대를 기점으로 여성해방운동이 활발해져 여성들의 사회진출이 눈에 띄게 증대되었다. 여성 활동인구가 늘어남에 따라 가정에서의 여성의 역할이 줄어들게 되고 남성들이 편안했던 과거와는 달리 신경 쓸 일들이 많아졌다. 여성들이 사회에 이바지하는 몫이 커짐에 따라, 또한 산업구조의 변화로 여성 인력의 필요성이 커짐에 따라 자연히 가족에의 변화가 생기고 여성 스스로 변하게 되었다. 우리는 이런 현상에 대하여 여성들이 변했다고 얘기들 한다: 요즘 여자들은 과거와 아주 다르다니, 당차다니,

개성이 강하다니…. 그러나, 여성들은 시대적 변화에 따라 스스로 크게 변했는데 남성들은 어쩌면 하나도 변하지 않은 것 같다. 남성도 이제는 변해야 한다. 활동하는 여성을 아내로 가진 남성들은 자기 스스로 해야 할 일들을 챙겨야 한다. 미국의 어느 유명한 여성 지도자의 성공도 남편의 도움으로 이룩되었다고 한다. 얘기인즉, 아내가 세탁한 내의는 윗서랍에, 양말은 둘째 서랍에 넣어두면, 남편은 아내에게 양말 가져오라고 요구하지 않고 자기 스스로 꺼내 신었다고 한다. 이런 협조로 성공할 수 있었다는 얘기다. 여기에서 우리는 놓쳐서는 안 될 것이 하나 있다. 여성의 역할을 여성이 하되(빨래하는 것), 남성보고 빨래하라는 요구를 하지 말고 남성의 역할(아내를 도와주는 것: 양말 갖다 신는 것)을 스스로 할 수 있도록 서로 합의해 내는 일이다. 이처럼, 아무리 가족의 의미가 현대화하고 여성들이 변했다 해도 가정이란 가족 구성원 모두에게 보금자리가 되어야 한다. 앙드레 지드 같은 프랑스 문학자는 가족들을 증오한 예도 있지만, 보편적인 진리는 가정은 행복의 보금자리이어야 한다는 것이다. 가정이 행복의 보금자리가 되기 위해서는 각자의 역할을 다하기 위한 바탕으로 애정과 따뜻함, 그리고 정성이 동거해야 한다.

또한, 사회가 점점 집단에서 더 개인에의 가치를 우위에 두는 경향을 띠어가고 있으므로, 요즘은 사회 또는 집단보다 개인의 발달, 개인의 자유를 더 긴요하게 생각하게 되었다. 핵가족중심의 가족 형태는 개인의 능력과 가치를 충분히 발휘하도록 권위보다는 민주적인 분위기가 지배

적이다. 따라서, 적은 숫자의 아이들을 최고로 만들기 위해, 또는 그들이 바라는 것을 최대로 살려주고자 하는 부모들이 많은 것도 자연스러운 가족 형태의 변화에서 기인하는 것이다. 더불어, 개인소득이 늘어나고 시간 혁명이 실현되고(노동시간이 감소하고 여가가 증대되다), 평균수명이 연장되고 첨단기술의 발달로 현대가정은 가히 풍요로운 가정임이 틀림없다. 주차 때문에, 교통체증 때문에 불평하면서도 차를 보유하는 가정들이 늘어나고, 주말이면 가족들을 태우고 외식하러 또는 주말 여행하러 자유스럽게 어디론가 떠나는 가족들이 늘어나고 있다. 마치 유목민들이 이동하는 것처럼 신속하게 어디론가 말이다.

많은 미래학자는 앞으로의 세기는 여가 문명의 시대가 도래하리라고 예견하고 있다. 과학기술의 발달로 삶의 양식이 크게 변하고 특히 시간 혁명으로 이의 실현이 가능하다고 예측한다. 5일제 근무, 근무시간 자율선택제, 재택근무 등 전통적인 노동과 노동 인식이 바뀌고 있다. 최근 공무원들도 토요 전일제를 시행하여 격주로 토요일을 자기 시간으로 활용해 테니스, 낚시, 미술관 순례 등 다양한 여가 및 문화 활동에 가족 동반하여 참여한다.

이처럼, 앞으로의 시대는 더욱더 개인 중심 또는 가족 중심으로 치닫게 되는 원심성의 사회가 되리라 예상한다. 개인주의의 발달은 또한 개성 주의를 낳게 되어 개인들은 자기만의 특성, 자기만의 그 어떤 것에 관심을 끌게 되어 자기연구(自己硏究)에 몰두하게 되리라고 한다. 요즘 튀는 여가라든지 튀는 세대라든지 하는 말들은 바로 자기에의 관심을 끌게 된 데에서 기인한다고 볼 수 있다. 하지만, 이런 경향들 속에서도 쉽게 변하지 않는 것은 가족의 테두리 속에서 부모의 마음인 것이다.

파리에서 흔히 볼 수 있는 광경에는 지하철에서나 공원에서 주부들이 손뜨개질하는 모습이다. 아이들의 옷이나 남편의 옷을 손수 뜨개질해 입히는 주부의 마음을 익히 알 수 있다. 경제적인 이유에서 뜨개질하는 때도 있겠으나 무엇보다도 주부들의 마음 쓰임이 가족들에게 있고, 같은 옷이라도 아내가 또는 엄마가 짜준 옷을 입어본다는 것은 경제적으로는 설명할 수 없는 따뜻함이고 정성 어린 마음인 것이다. 엄마가 손수 뜨개질해준 멋진 스웨터를 입은 아이들은 남달리 보이고 아내의 정성 어린 가디건을 입고 출근하는 남편은 하루가 그저 좋은 기분일 것이리라. 지난 겨울부터 우리 집사람이 뜨개질을 시작했다. 식구들 옷을 하나씩 해주더니 마지막으로 자기 옷을 한창 뜨고 있다. 이유인즉, 시어머니 병간호에 마음 붙일 곳이 없어 뜨개질을 시작했다고 한다. 아파트상가에 뜨개질을 가르쳐주며 털실을 판매하는 곳이 있어 뜨개질기술을 익혀가며 하나하나 완성해 나가는 집사람의 손놀림에서 나는 그저 감사한 마음뿐이다. 뜨개질에도 일상 생각되는 정성 말고도 상당한 기술이 요구되는 것 같다. 줄무늬나 다양한 모양을 낼 때는 한 "코"씩 줄여간다던지하여 성냥개비를 놓아가면서 뜨개질을 하는 집사람의 모습이 예사롭지가 않다. 뜨개질하러 갔다 오면, 재미있는 이야기도 한 보따리 가져오는 경우가 많다. 예산에서 일주일에 한 번씩 뜨개질기술을 배우러 오는 어느 과수원 댁 아줌마의 이야기는 과수원의 일을 도와주며 뜨개질에 반해서 일주일에 한 번씩 아침 버스를 타고 왔다가 오후에 내려가는 데 남편이 꼭 마중을 나온다며 대단한 열성파아줌마 이야기를 늘어놓는다. 또, 어느 날은 우리나라 권투계의 챔피언이었던 김 아무개의 딸도 밍크 롱코트를 입고 다녀 뜨개질하고는 거리가 먼 여자인 줄 알았지만, 뜨개질에 미쳐(?) 시간만 나면 뜨개질기술을 배워가며 한올 두올 손뜨개질을 한단다. 우리가 알게 모르게 엄마들은 저 나름으로 가족들을 위해 한올 두올 손뜨개질하며 가족들의 건강을 걱정하고 가족들의 옷을 마련하고 있음을 본다.

가정도 뜨개질 같은 것이 아닐까 한다. 한올 한올 엮어가다 보면 멋쟁이 옷이 되듯이 가족 구성원들 모두가 자기의 역할을 다 할 때 그 가정은 보람된 삶을 엮어가게 되는 것이다. 가정은 모름지기 각자의 역할이 있고 각자가 그 임무를 수행하면서 특히 부모(여성)의 애정과 정성이 깃들어 있어야 한다. 뜨개질하듯이, 저녁이 되면 우리는 모두 가정에 모여 하루를 마무리하고 아침이면 또 하루를 시작하는 것이다. (1996)

갓바위

홀로 훌쩍 떠난다.

예정 없이 떠나는 마음은 해와 같다. 사진현상소에서 필름 한 통을 사서 끼워 넣고 팔공산이 좋으냐고 물으니 갓바위가 좋단다. 일반 버스 76번을 타고 동화사로 가다가 중간에 내려 택시 타고 가면 된단다. 신호대기 중에 76번 가버리니, 기다림이 더욱 길어진다. 100원짜리 하나로 동아일보를 사 들고 털썩 주저앉아 신문을 훑어보니 광주 민중 항쟁을 정부 측에서 구체적으로 해명하기로 했단다. 외채가 400억을 넘었단다. 남북고향방문단과 예술단 상호방문은 7월 15일 실무자 회담이 고비란다. 텅 빈 버스에 자리 잡고 여느 때 보던 그 거리풍경을 눈여겨본다. 표정들이 모두 밝아 보인다. 한참을 갔는가 보다. 눈에 들어오는 동대구역 그리고 파티마병원 그리고 철교가 눈에 크게 들어온다. 어릴 적 그것도 피난 시절 그러나 어린 나에겐 천국이었던 그 시절의 그 철교. 동네 꼬마 친구들이랑 발가벗고 철교 옆 흙다리에 섰다가 기차가 칙칙거리며 철교를 지날 때를 맞춰 주먹질을 하늘에 마구 해대며 줄줄이 강물 속으로 첨벙첨벙 뛰어들었던 그 철교 그 녀석들. 또 용감스럽게 나는 철교 밑에 잔뜩 구부리고 있다가 기차가 지나치면 두 손을 크게 휘두르며 죽지 않고 살았다는 행동 표시를 하면 괜시리 좋아했던 천국 놀이. 버스는 아직도 계속 달린다. 쭉쭉 뻗은 도로 가장자리 마로니에 나무들이 한창이다. 아마도 20년쯤 자라면 마로니에 가로수거리는 정말 멋이 있겠지…. 잠시 파리 시내의 마로니에 거리를 연상한다. 버스 기사 아저씨에게 갓바위로 가려면? 하니 백안에서 내리란다. 기운차게 달리는 버스 차창에는 녹색만 보이더니 노란 꽃, 들 찔레꽃, 늦은 오동나무 보라꽃. 백안에서 택시를 합승해 갓바위 쪽으로 간다. 가는 길 중간쯤엔 비포장도로라 조금은 덜거덩. 백안을 한자로 어떻게 쓰느냐고 물으니 뒷좌석 손님은 모른단다. (고려 태조 왕건이 전투에 패해 도망치다 숨어 있는데 적들이 왕건을 찾은 바람에 얼굴이 하얗게 되었다하여 백안(白顔)이란 이름이 유래했단다) 어릴 적 기억들을 되새기면서 가는데, 그 손님은 갓바위 부처에게 기원 드리기 위해 3일전부터 고기를 먹지 않았단다. 난 이미 먹었으니 기원한 후 3일간 고기를 먹지 말아야겠다고 했더니 가불기원(假拂祈願)은 불가(不可)란다. 초행이란 가끔 용기도 주나 보다. 아는 길을 간다는 것은 자기가 지금 어디쯤 와있다는 것을 알기 때문에 그만큼 기쁨이 덜한 것은 아닐는지…. 모르니까 자주 묻게 되고 물으니

까 이 얘기 저 얘기가 봇물 터지듯 쏟아진다. 4월 초파일은 차들 때문에 걸어가야 한다든지, 부산 등지에서 만여 명이 몰려온다든지, 석굴암 부처보다 크다든지…. 이제, 알았다. 갓바위에 큰 얼굴 부처가 있는가 보다. 택시에서 내리니, 어디나 있는 식당들: 주차장식당, 반야, 경남, 푸른, 대구, 영천, 쉬어가는 집, 무궁화식당, 풍년집, 동백집, 원대식당, 쑥덕폭포, 보리수, 꿀집, 팔공, 땅집식당 등이 줄지어 서 있다. 갓바위로 가는 길이 이쪽입니까? 저쪽입니까? 물으니, 초행입니까? 한다. 그러면 이 지팡이를 집고 가시면 편할 겁니다. 100원을 맡겨놓으란다. 그냥 지팡이를 장난삼아 들고 올라간다. 쾌청한 날씨. 슬픈 눈망울을 한 다람쥐가 이따금 나를 훔쳐본다. 숲이 우거진 숲속. 어둠이 드리워진 듯 한참을 올라가니 태고종 관암사(觀岩寺)에 이른다. 단청 냄새가 아직 그대로인 듯 종각이 새로 세워져 있다. 커다란 종이 서 있고 거기에는 "원컨대 이 종소리 온 누리 두루 퍼져 철위산 깊은 어둠 모두가 밝아지고 세 갈래 괴롬가고 칼산도 무너지고 중생들 바른 깨침 이루어지옵소서." 나는 '세 갈래 괴롬'에서 스님을 찾았다. 세 갈래의 괴롬이란 탐심(貪心), 치심(恥心), 치심(癡心), 곧 탐내는 마음, 성내는 마음 그리고 어리석은 마음의 괴로움이란다. 또 칼산은 도산(刀山), 칼의 산, 곧 지옥을 뜻하고 철위산도 지옥의 한 종류라고 한다. 스님이 이젠 말문이 터져 육도(六道: 지옥, 아귀, 축생, 아수라(다툼의 귀신), 인간, 천생)의 이고득락(離苦得樂)을 기리는 것이라고 하며 갓바위에 얽힌 이야기를 해주신다. 갓바위는 신라 효공왕 때, 왕비가 중병을 앓는데 왕에게 현몽되기를 목탁 소리를 따르라 하여 깨어보니 정말 목탁 소리가 들리는지라 왕비가 목탁 소리 따라 경주에서부터 이곳 팔공산 현 갓바위까지 왔는지라. 기원을 드리고 나니 병이 낫는지라, 왕비가 6년간 부처상을 만들도록 했다 한다. 스님의 승명은 혜공(慧空)이라 했다. 고마움을 합장하고 다시 위로 오르니 가파른 길에 숨이 절로 헐떡인다. 마치 칼산에 온 듯하고 철위산에 들어 어둠이 몰아치는 듯도 하고…. 시간은 13시. 왜 이 시각이 지금 나에게 와 닿을까? 세 갈래의 괴롬을 다 잊도록 종소리라도 들려주었으면…. 하지만 관암사의 풍경소리가 아름답다. 오르내리는 나이 많은 아줌마들, 할머니들이 눈에 띈다. 나 혼자서 연옥에 빠져 헐떡거리는 것 같다. 쉬엄쉬엄 오르기로 했다. 다 오른 듯싶다. 산 아래를 한없이 보고 있다. 갓바위 부처보다 오늘이 나에게 중요하기 때문이다. 홀로 훌쩍 여기까지 오게 된 것도 탐심에서인가? 치심에서인가? 한없이 보고 있노라니 내가 부처가 된 듯 싶어 얼른 일어났다. 안내판을 보니 《관봉석조여래좌상 冠峰石造如來座像(보물 431호) 서기 638년 (신라 선덕왕 7년)에 조성된 불상으로 알려져 있다. 불상 동쪽 계곡에 있는 선본사(禪本寺) 서적에 의하면 원광법사(圓光法師) 수제자인 의현(義玄) 대사가 그의 돌아가신 어머님을 위하여 조성한 미륵보살이라는 것이다. 세련된 이목구비와 풍만한 얼굴이 잘 조화를 이루어 불상의 격조를 높여줄 뿐만 아니라 강마촉지인(降魔觸地印)을 한 손이나 가부좌를 한 다리의 비율이 제격이며 조각의 수법도 썩 훌륭하다. 높이 4m, 선본사는 서기 491년(신라 제21대 소지왕 13년)에 극달 화상에 의해 건립되었다고 전해 오고 있다.》

　표지판 옆에 조고만 암자(처소)가 있고 지척에 갓바위 부처가 반긴다. 위, 아래 크게 두 부분으로 되어있는 갓바위부터 바로 앞엔 방문객들을 위한 방석이 널려있고 불경을 외며 합장하며 기원하는 보살님들과 거사들이 바쁘다. 나 같은 관광객 사진사(?)들도 서 있다. 촛불과 향을 피어놓은 제단이 있어 한참을 머뭇거리다가 관리인 보살에게 몇 마디 물어보니 기원하러 오는 분들이 끝없이 줄을 잇는다고 한다. 기원, 기구, 그러다가 사라지고 새 얼굴이 이어진단다. 그리고 선본사의 부처가 향나무로 된 나무부처(木佛)라는 것과 부처님 복장(服藏)을 채운다는 말을 가르쳐준다. 부처님, 곧 대웅전의 부처가 속이 비어있다는 사실을 오늘에서야 알았다. 그곳에 경전, 칠보 등을 보관하는 것, 이것을 부처님 복장 채운단다. 따라서 갓바위 부처님 소유권으로 선본사와 관암사가 재판까지 했으나 부처님 복장에서 나온 증거로 선본사 소유가 판명되었단다. 석불 뒤에 자연석이 바람막이하고 그 뒤로 돌아가 보니 노승 한 분과 거사 한 분, 보살이 좌선하고 있다. 나도 좌선 자세를 취하고 잠시 몰아경에 들어간다. 관리 보살이 준 초를 켜 그냥 꽂는다. 촛값은 자진해서 동전 한 잎을 넣고서 산신당이 있는 곳으로 간다. 두 개의 산신각, 호랑이 타고 있는 산신령님. 그 아래 채에서는 공양이 한창이다. 나도 들어가 싸 온 김밥은 놔두고 공양을 들었다. 마침 택시합승 일행과 합석하여 공양을 들고 상추쌈을 얻어먹고 두 개의 참외를 내놓고 나눠 먹었다. 동화사로 가는 길은 이곳에서 2시간가량 걸리며 초행은 길을 잘못들 위험이 있단다. 그냥 되돌아가기로 했다. 갓바위 부처를 뒤로하고 막 돌아서려는데 외국인 한 사람이 안내인과 의사소통이 잘 안 되는 듯싶어 도와주려고 끼어든다. 독일인인데 동대구역 여행 안내소에 의뢰하여 안내인을 소개받아 관광하는 중이란다. 그런데, 그는 도대체 여기를 왜 왔는지? 모르겠단다. 설명을 해주면서 동화사 구경을 권한다. 그들을 뒤로하고 아래로 내려온다. 기원의 행렬은 끊임없이 이어진다. 내려오는 도중에, 바위에 정좌하고 앉은 자세가 점(占)을 보나 보다. 보는 사람이 있느냐고 물으니 가끔 있단다. 뭘 보느냐고 물으니 전생록(前生錄)을 본단다. 이퇴계 선생이 지었다는 한글로 된 책을 펴놓고 있다. 담배를 권하니 자기 직업은 못자리 잡아주는 것이란다. 선생의 전생록은? 맞는 것 같다면서 못자리와 집터를 잘 써야 잘 살고 오래 산단다. 그럴 법도 하다.

돌계단

멋대로 된 계단 돌계단 반들 계단
단숨에 쉼 없이 되돌아오다 관암사 산신각에
수국꽃 한 송이 몰래몰래 꺾어 배낭에 넣고는
내 자리 있는 물 흐르는 계곡에 캔 맥주 담가놓고

카세트 음악을 귀에 꽂고 막대기 김밥을 삼킨다.
하늘이 나무 사이를 비집고 들여다봐도 부끄럽지 않아
물 있고 음악 있고 김밥 있고 소나무들 껑충껑충
가슴에 와 닿는 모습의 소리, 물 흐르듯 생각이 흐른다.
구름이 이따금 샘을 부리듯 어둠의 장막을 드리우다 가고
홀로 와 있음은 진정 혼자가 아님을 알면서도 혼자인 체
홀로 앉아 바위를 보고 나무를 보며 다 같음이라고.

쑥떡 식당이 부산하다. 멋자랑 맛자랑 KBS팀이 두부 만드는 것을 촬영 중이란다. 구경하느라 가게가 텅텅 비어있다. 손님도 주인도 맛과 멋에 흠뻑 빠졌다. 합승택시를 동대구역까지 타기로 한다. 이렇게 오늘 하루는 갓바위 부처님 덕택에 오늘만 같은 날인 듯 덜컹거리는 택시합승도 마치 비행기 타고 초록 하늘을 나는 것 같다. (1986)

약수암 추억

　까만 캔버스에 노란색을 칠한다. 직선으로 긋다가 갑자기 휘둘러 치면 눈을 동그랗게 하고 그림을 본다. 그러나 진정 그림이 보이질 않는다. 까만색이 더욱 짙어진다. 그러면 노란색도 더욱 짙게 그려진다. 그림은 연속된다. 아! 이 아름다운 그림을 혼자 본다니…. 더욱이 그것이 그림인 줄을 모르고 있으니…. 아무튼 저토록 까만 밤을 본 적이 없는 것 같다. 경험은 까만색인가 보다. 어서 그림을 끝냅시다. 간간이 쉬어가며 담배를 한 모금 입에 물고 그림꼴을 보나 보다. 나도 한 모금 피어봐야지. 이제 그림 그리기는 끝났다. 아마 또다시 시작하는 것이기에 끝도 없겠지. 까만 그림에 노란 색칠. 그림을 머리에 그리며 당신의 맘과 같이 김밥을 먹고 있소. 당신의 마음 쓰임에 까만 그림까지 먹어버렸다오.

　마음 쓰임. 마음을 쓴다는 것은 무엇인가? 글을 쓴다. 글을 쓴다는 것은 하얀 종이에 생각을 적는 다거나 먹을 묻혀 글씨를 그린다거나 하는 그런 행동이라면 마음을 쓴다는 것은 마음을 사랑이라는 종이에 그림을 그리는 것일까? 마음을 쓰는 일이란 사랑의 행동이니라. 사랑은 마음을 쓰는 일에서 우러나온다. 마음 쓰임을 마음으로만 하는 것이 아니라 행동으로 할 때 마음은 곧 사랑이니라. 사랑하는 일이 없다는 것은 마음 쓰는 일이 없음과 같다. 그러니 마음이 곧 사랑이요 사랑이 곧 마음이니라. 한마음이 또 한 마음의 앞을 보며 쓰이는 마음은 두 마음이 한마음 되는 사랑이니라. 아! 당신의 마음 쓰임을 목격하고 눈시울이 뜨겁도록 그 마음을 사랑합니다. 그래서 달이 밝은 이 까만 밤을 오히려 두려워하고 있답니다. 가야산 줄기 타고 살포시 내미는 이 까만 밤의 달은 어쩌면 당신의 마음인지도 모릅니다. 우스운 일인지는 모르지만, 아니 당신이 그렇게 생각할지 모르지만, 저 달을 보는 이 마음은 저 달이 김밥처럼 보인답니다. 방긋이 웃으며 내미는 얼굴이 김밥으로 덥힌다면 얼마나 우스운 일입니까? 그렇지만 오늘 밤은 분명히 그렇게 보인답니다.

밤이 정말로 아름다운 그런 시간입니다. 나 혼자만 살아있는 기분에서 더욱 그런지는 모르지만, 이는 죽음이라는 또 다른 강 때문인지 모릅니다. 까만 밤은 죽음을 연상시켜주지만 혼자 앉아서 보는 달은 혼자 살아있다는 착각에서인지도 모릅니다. 그래 이 시각에 당신도 살아있으면 하는 마음이 쓰인답니다. 마음 쓰임은 정말로 아름다운 것이지만 그 마음 쓰임에 또 다른 마음 쓰임이 따르지 못한다면 정말 가슴 아픈 일입니다. 마음의 아픔은 정말 슬픈 일입니다.

새벽 3시

목탁 소리 들린다.
독경 소리가 간간이 목탁 소리를 멈추게 한다.
목탁 소리와 독경 소리가 한데 어우러진다.
아직 잠에서 덜 깬 기분이 드는 독경 소리
새벽을 깬다. 새벽을 친다.
목탁 소리 독경 소리 끝나니
종소리 들린다.
타종 소리 세차게 들린다.

3시 16분

이따금 한번 크게 울리는 종소리
타종과 함께 들리는 독경 소리
먼 곳에서 들려오는 목탁 소리
약수암의 독경 소리와 타종 소리
쥐 한 마리 노닐고 있다

3시 34분

타종 소리 고음으로 변한다.
경 읽는 소리가 여럿이다.

화음져 들리는 경 읽는 소리
목탁 소리 다시 들린다.
독경 소리와 합경소리 함께 있다
합경소리는 스러지고 독경 소리와 목탁 소리
또 하나의 목탁 소리 칠성각에서 들린다.

3시 46분
칠성각 목탁 소리는 없어지고
본당에서 독경과 합경이 계속된다.

4시 04분
절제 있는 목탁 소리에
반복되는 관세음보살

4시 10분
다시 조용한 새벽 소리
모두가 고요하다.

무엇엔가 골몰한다는 것은 그 시간만큼은 행복한 것이다. 더구나 아무 걸림이 없이 오로지 홀로 있음의 경지에서 나름의 생각들에 젖어 호젓이 밤의 산사의 움직임을 간간이 들리는 목탁 소리와 함께한다는 것은 더욱 그러하다. 그런데 역시 혼자 있음도 결국은 혼자가 아님은 그만큼 정신이 육체를 제멋대로 요리하는 것인지도 모른다.

오늘의 일과는 예정된 것이 없지만 잠이 오지 않음에서 번역을 시작했다. 3시 예불이 있고 또 예불이 끝나고 그러니 조금만 번역하면 한 장이 끝난다. 결국, 하얀 밤을 맞았다. 처음에는 그런대로 일이 진행되더니 몇 번의 고비가 있고 나중쯤에는 '꼭'이라는 일종의 의지 같은 것이 쏟아져 나온다. 책상다리하고 앉아 새우는 밤은 정녕 번역이라는 마술에 걸리지 않고서는 도저히 힘든 것이리라…. 눈이 퉁퉁 부어올랐고 허리가 내 것이 아니다. 엉덩이는 엄살이 붙은 것 같다. 머리가 온통 수라장이다. 무리는 금물이라 하지 않던가? 분명 무리였다. 아침 체조하고 5시 공양 먹자마자 눈을 붙였다. 11시 점심을 먹고 나서는 선방 뒤뜰에 있는 야외책상에 앉아 일을 계속했다. 무척 상쾌한 쾌적한 곳이라 진행이 빨랐다. 무리해서 세운 계획이 제대로 되어 가는가 보다.

선방 뒤뜰
장작더미가 넘실 부둥켜있는 서너 발치에
한 뼘만 한 바위 화단에 백일홍 여남은 그루
주렁주렁 달린 무화과 열매의 맛
콘크리트 책상과 의자에서

바람 맞으며 온갖 지저귐에
저 홀로 지휘자가 되노니
빨래 주임 스님이 벌써 서너 번
빨래를 널어놓고만 간다.
저리 보이는 관객 가야산엔
안개비가 손뼉을 치는가 보다.

피곤이 와 몰려온다. 식곤증과 겹쳤나 보다. 2시에 시에스타를 청하자 그 다음은 요노로쎄(*yo no lo se*). 웬 소리 있어 눈 떠보니 웬 여자 하나가 분명 낯선 여자 하나가 계대 교수냐고…. 그렇다니…. 배 교수 아니냐고…. 아니라니…. 발 틈으로 자세히 보는 듯하더니 아닌 데 라 며…. 미련퉁이처럼 또 묻고 멍청이처럼 언제 왔느냐고…. 귀찮은 생각에 원주스님께 가보라고…. 그래도 잠이 덜 깼나 보다.

약수암 입구 매점에서 음료수 까리뽀를 사 마셨다. 시원하니 기분이 좋다. 이슬비가 내린다. 숲속엔 숲 우산 있어 비를 맞지 않으나 나무 없는 뚫린 우산엔 비가 살금살금. 비를 맞으니 기분이 좋다. 물뿌리개로 물을 뿌려주면 화분의 화초들도 이런 기분일까? 공연히 앉아 펴보는 그림 하나. 그래도 시무룩한 표정. 기다려지는 마음. 어떤 마음일까? 잘 있는지? 하이씨와 요구르트를 사 들고 왔다. 저녁은 이곳에 온 뒤, 밥을 제일 많이 먹었다. 한 사발 반. 깻잎, 열무김치, 신 김치찌개, 감자 썰어 넣은 된장찌개. 장아찌. 어쨌든 배가 고파 마구 먹어 댔다.

옅은 안개 산을 휘어 감돌다
바람에 업혀 오는 가는 비
담비가 호두열매 따 먹기에 바쁘다
방망이든 나이든 스님
풀 먹인 승복을 마구 두드린다
잠깐 있었다는데 11년째란다
산비둘기가 푸드덕거리는 곳
응시하는 눈망울엔
무슨 인연이 있어 이곳에 왔나?

별을 보고 깨달음을 얻은
꼭두새벽 3시의 부처님
기왓장 조각을 든 손
방망이 소리에 마구 쏟아놓는
불심의 소리
자리를 뜰 줄 몰라라
해맑은 하늘 하며

안개 오락가락 하는 날씨
임이 오시는 날
마음은 님의 가슴에 있어라

구름이 간다
검은 뭉게구름 너머
흰 뭉개 구름 햇빛 받아
뽐내며 가네
내가 간다
구름을 보면
하얀 뭉게구름 되네
검은 뭉게구름 되네
뽐내고 가려 해도
그냥 가지네
구름은 나
흐르는 구름 위를 타고 간다
산이 그리워지네
구름을 타
숲 우거진 가야산 숲

구름은 그래도
뽐내고 가네

   오마고 한 당신을 기다림은 정말 기쁨입니다. 최소한 나에게는 그렇다는 말입니다. 오늘도 그 여느 날 같건만 다른 것이 하나, 님이 오시는 날이랍니다. 그 여느 때처럼 목탁 소리가 들리지 않습니다. 그 여느 때처럼 풍경소리도 가까이 있지 않습니다. 가슴엔 온통 당신으로 가득합니다. 머리엔 당신이 지금 오고 있습니다. 가슴과 머리엔 풍경소리가 들리고 목탁 소리가 크게 울려옵니다. 시간의 흐름은 당신이 오는 거리가 가까워져 오건만 마음은 더 진정 못 한답니다. 그래서 당신과 나와의 거리와 시간이 반비례하면 정비례하는 운명을 가졌나 봅니다. 호젓이 앉아 여느 때처럼 행동하려 해도 벌써 틀려버렸습니다. 벌써 면도를 하고 찬 개울물에 머리도 감았습니다. 눈은 발 쳐진 틈으로 크게 떠지고 이내 마음은 당신을 마중 나가 있습니다. 아! 당신은 정말로 오고 있는 것인가요. 그토록 우리는 당신과 나는 거리를 거리로 여기지 않았음에 마음 놓지마는 그래도 모를 일이란 설마가 더욱 마음을 안절부절 못하게 만든답니다. 발 사이 분홍빛 백일홍이 저처럼 아름다워 보일 때가 또 있었을까? 분홍신 신고 올 당신의 하얀 웃음에 나는 벌써 웃고 있답니다. 당신을 사랑하는 마음에서 나오는 이 웃음은 그 누가 알겠습니까? 날 미치광이로 몬다해도 사랑의 웃음은 그치질 않을 것입니다.

사랑함이라고 쓸 수 있음은 그대가 이곳에 올 수 있는 끈이라고 힘이라고 굳게 믿습니다. 당신을 사랑함에는 거리도 없습니다. 거기에는 시간도 없습니다. 사랑하는 당신이 있을 뿐입니다. 이곳에 와 두 번째 꿈을 꾸었다. 잡꿈, 개꿈이 틀림없으나 왜 꿈은 꾸어지는 것일까? 내용은 물론 기억에 없던 일이라 뒷맛이 개운치 않았다. 어쩌다 깨어보니 새벽 4시 50분. 시간 확인하고 다시 잠을 청했다. 그 결과 아뿔싸 눈을 떠보니 6시 17분. 부랴부랴 일어나 눈에 물칠 만하고 감자국에 밥 말아 먹었다. 벌써 아침 공양이 끝난 뒤라 조금은 겸연쩍었다.

일요일이다. 한 학생의 제안으로 약수암 기숙생들이 지조암 큰 스님 보러 갔다. 단전호흡을 배우러 오라고 했다길래 나도 덧붙어 따라갔다. 백련암자 뿌리 계단 따라가다 보니 그미와 같이 있던 그 벤치가 눈에 설지 않다. 같이 가는 뭇 남정네들이야 그 벤치가 무슨 의미가 있겠는가? 그 긴 나무 의자가 무슨 특별한 의미가 있겠는가? 나에게 주는 의미는 타인들의 무관심만큼 관심이 있는 것이다. 왼쪽으로 꼬부라져 한참을 가니 우뚝 솟은 바위 밑에 정자(대화정)까지 마련되어 가지런함을 자랑한다. 큰스님은 안 계시고 보좌 스님들이 제멋대로 단전호흡법을 강의한다. 그러나 나에겐 인상적이었고 필요한 말만 꼬집어 얘기함이 도를 쌓은 끝이라 그러리라 생각된다. 귀는 (들어서 아니) 귀하고 눈은 (보고 실망하니) 천하니 한 몸에 귀천이 있느니…. 저녁 후 자연목욕탕에 가기로 해서 일찍이 수건을 챙겨 들고 길을 나선다. 저녁 먹고 나면 산책 겸 나가는 제1 매점에서 인삼 넥타를 함께 마신다. 다섯 명이 함께 가기로 했다. 꽤 넓은 곳이다. 파란 하늘을 낮에 실큰 마신 듯이 자연수영장은 진한 초록색 그대로다. 덩치 큰 바위가 듬성듬성 나 있는 곳, 옷일랑 훌렁 벗어 던지고 자연의 품속으로 물속으로 첨벙 드러눕는다. 발이 시릴 정도로 오싹해지는 찬물에 첨벙첨벙 청산에 살리라 청산에 살리라….

바도(바람 파도)

쏴 소리 먼발치에 있다.
잔 바도가 일더니
한바탕 휩쓸고 지나간다.
못 견뎌 우수수 떨어지는
어린 도토리 잎사귀 싸 뒹군다.
쏴 앞쪽에서 뒤 옆쪽에서
휘몰아쳐 오는 바도
밀풍져오더니
썰풍져가는
보이지 않는 바도
몇십 년을 같이 산

나무만이
이리저리
바도와 노닌다.

까만 밤. 절대 흑.
빛에 대한 열망보다도 칠흑 속에 까만 밤에 절대복종만이 있는 그런 상황에서 걸음 하나하나에 순종과 복종만이 있을진저. 나무도, 길도, 물도 온통 까만 밤에 까만 밤비가 주르륵주르륵 내린다. 아니 쏟아붓는다. 나약한 나여. 너까지 까매 가지고 어찌할 줄을 모르는구나. 경험의 기억을 더듬다가도 쏴 흐르는 물소리에 기억의 오차에 대한 두려움과 그래도 가야한다는 절박함. 밝혀주는 이 있다는 자신은 한 발자국도 더 나아가지질 않는다. 까만 하늘에 둥둥 떠가는 뭉게구름에 싸여 있는 나. 내가 지금 해야 하는 그것이 무엇일까? 먼 발치. 매표소에서 더듬거리며 발로 기어간다. 빛. 까만 밤 빛. 너의 존재를 이렇게 실감할 줄이야. 온몸에 땀 비가 내린다. 찬바람이 비와 함께 쏟아지는 이 상황에서 온몸에는 온천 같은 뜨거운 땀 비가 주르륵 이다. 닦을 겨를도 아니 닦을 기운이 나질 않는다. 침착을 찾으려 해도 금방 반달곰이라도 나올 것만 같다. 아니 토끼 한 마리 나와도 나는 기절할 것만 같다. 낮과 밤. 빛과 어둠. 나와 또 다른 나. 나의 낮과 나의 밤. 나의 빛과 나의 어둠. 비는 그래도 주르륵 쏟아진다. 희미한 손전등 하나 빌려 거기에 의지하고 간다.

칠흑 바다에 일엽편주에 몸 하나 생명이란 두 글자에 어쩔 줄 몰라 한다. 두둥실 떠가는 기분에 마음이 뛰어가지만 발은 자꾸만 쳐지고….

비 온 다음 날 아침

사람이 닦고 닦아도
비가 한번 온 것만 못하오
화초들이 조금은 아파했을지 몰라도
나무들은 저마다 물기 있어 싱싱하다오
계곡물은 온통 하얗다오
비에 씻겨 여울져 흐르던 물까지 씻었나
저리도 하얗게 하얗게 기운차게 흐른다오

양치질을 하고 두 손으로 물을 떠 헹궈내는 입안은 괜히 좋아 야단이오. 손가락만 한 거울을 보며 면도한 얼굴을 물에 담그면 그토록 조그마하던 얼굴이 금방 불어나 살이 찐 기분이라오. 멋있는 미남이 되었을 텐데…. 발을 담그면 무좀이 발 시리다고 물에 끌려 시집가는 듯한 느낌이라오. 아! 이 모두 다 시원한 계곡에 이 시원한 마음을 음미하는 너는 가슴까지 마음마저 시원하게 씻을 수 없는 것이냐? 다람쥐 하나. 수직으로 서서 눈동자만 굴리다가 스르르 나무 타고 기어 올라가는 것을 보니 나보다 낫구나! 나무 타는 기술은…. 비 온 다음 날. 청명에 청명을 더하여 울고 웃고 침묵하는 대자연의 교향악. 임을 만나보고 온 그다음 날처럼 비올롱(villon)의 현의 떨림이 그토록 아름답게 들리는구나. 흐르는 저 하얀 물줄기 따라.

간식(間食)

수박 두 쪽. 포도 한 송이. 인절미 10개. 빨래하는 동안에 갖다 놓고 갔다. 빨간 수박을 보니 집에서 실컨 먹던 그 시원한 냉동 수박이 눈에 보인다. 포도는 그리 많이 먹지 않았다. 올 여름은 공연히 뛰어다니다 세월 보낸 것 같아서인지 포도 씨앗이 그리 많지 않다. 인절미. 내가 그리도 어린 시절에 욕심내고 먹다가 목구멍이 막혀 아현정 그 어느 아줌마한테 업혀 가 그 더러운(?) 그러나 약손인 그 손가락으로 끄집어낸 뭉개진 인절미 덩어리. 그래도 그 인절미가 좋아 잘도 먹는다. 특별하게 이유도 없는데 떡도 잘 먹는다. 호박떡 같은 것은 눈 깜짝할 사이에 없어진다. 떡보. 나는 정말 떡보 먹보 욕심보인가 보다.

예불참가

새벽 3시.
약수암의 목탁 소리. 이방 저방에서 꾸역꾸역 동행인들이 나온다. 이곳에서 공부하고 있는 학생들. 그리고 드문 일반인들. 랜턴에 온 신경을 의지하고 가야산 등반을 시작한다. 가는 도중 해인사 본당에서 행해지는 예불에 참석기로 합의되다. 깜장 밤, 별이 총총히 빛나는 새벽 밤. 내 별이 어디 있지? 하는 생각 따라 눈을 비벼본다. 예불에 참석하러 들어가는 문턱에서 잠시 망설인다. 처음이라는 사실에 호기심과 교회에 다녔던 경험과의 갈등. 그러나 참여의 뜻만을 중요하게 생각하기로 한다. 합장하고 배를 드리는 모양을 먼발치에서 스님의 일거수일투족을 훔쳐보며 흉내를 낸다. 잘 될 리가 없다. 경 읽는 소리. 독경과 합경이 어우러지는 새벽의 고요에 부처님 앞에 드리는 기원의 소리는 자기뿐만 아니라 민족과 국가에 대한 고고한 뜻도 포함된다. 순간. 자신의 나태함이 머리를 스쳐 간다. 이 신선한 곳에 이 고요의 아침에 고고한 기원의 소리는 맑은 물의 소리요 티없는 옥과 같은 빛이 나는 듯하다. 걸어 올라가고 내려온 시간은 1시간 정도. 새벽 4시에 3.9 km(해인사 앞)나 되는 가야산 정복에 나선다. 비 온 뒤라 개울 물소리 요란하다. 깜장 칠을 랜턴 불로 닦으면서 앞으로 나아간다. 아무리 닦아도 닦아지지 않는 깜장 밤. 스쳐 지나가면 금방 까맣게 되는 깜장 밤. 맨 뒤에서 따라간다. 부산에서 온 이곳 고참인 토목기사가 앞장을 선다. 한참을 가다가 담배를 피우기 위해 멈추어 선다. 새벽에 피우는 담배. 어제 저녁 시국 토론에서부터 두 갑이나 되었던 담배가 반 갑 정도밖에 남지 않았다. 담배를 끊어야겠다. 담배 맛이 예전 같지 않다. 여명이 조금씩 깜장 밤을 벗기는 즈음 물소리뿐 조용한 가야산 등반 길은 말 없이 묵언의 행진이다. 정상을 6시쯤에 정복하다. 그리고 막 튀어나온 일출의 수줍은 모습을 본다.

형광등에 박힌 눈은 피로할 수밖에 없지요. 오늘 하루를 무척이나 열심히 산 기분이 들 지음, 맘 변하기 전에 얼른 이부자리를 깔았지요. 이불과 요를 절에서 준비해 주었는데 나의 깔끔함이 결국은 하나만 깔고 자게 했다오. 아침 조반 시간이 걱정되었지만, 천장에 붙어있는 산 잠자리를 보며 하루를 접는다오.

마침 전자계산기 시계가 있어 다행이라오. 5시 45분. 피곤이라는 게으름은 "어제 왔는데…."라는 생각과 "뭔가 이럴 때 일찍 일어나야지…."하는 생각이 교차할 때 일어나 개울가에서 이빨 닦고 얼굴 씻고 발도 물에 담그고…. 기분이 마음도 닦는구나 하는 생각이 든다오. 아직도 자고 있겠구나 하는 생각에 이르니 공연히 으쓱대고 싶어진다오. 6시 아침 식사 시간. 너무 일찍 취사하는 곳에 갔다가 5분 뒤에라는 행자의 말에 뒤로 돌아! 내가 또 담은 아침밥. 먹지 않던 밥을 먹기로 했다. 우선 돈을 지급했고 일을 하려면 에너지를 보충해야 하니…. 또 절 밥을 이때 안 먹으면 언제 먹어보나 하는 생각에서도…. 나물, 김치, 장아찌, 콩나물, 국, 맛있게 먹어치우니 고기 없는 식사도 식사냐 라고 누가 외친다면 아마 손바닥에 경련이 나니라. 여러 남녀노소가 어우러져 목탁 소리 신호에 맞춰 식사를 마친다. 식사 후 바로 번역작업 시작. 산허리에 걸린 새벽의 산들은 청명해서 좋단다. 행자들의 조절됨이 나의 동공을 크게 했다가 너희도 사람인데 어찌 저쩌구 어쩌구 아니할 손가?

원주스님이 발을 갖다 주며 안부를 묻는다. 실은 어제 숙박부 비슷한 것을 썼을 때 대구에서 오지 않고 서울서 왔느냐고 의아해하며 종무소 권 선생님 잘 아시느냐고 묻는다. 권 선생님의 소개가 아니었다면 어림도 없을 대우(?)를 받고 있는 게 아닌가? 하루 4천 원씩 15일간 6만 원을 드리고 시주한다는 뜻에서 만원을 드렸더니 사양의 뜻도 없이 받는다. 바람이 열어놓은 두 창문을 오락가락 시원한 여름이다.

11시가 조금 넘으니 목탁 소리 들린다. 이것은 분명 밥 목탁이다. 콩나물 말려 저린 것, 우봉(나이 드신 분께서 제일 좋은 반찬이란다), 왕 콩나물, 김치, 뭇국, 두붓국, 장아찌. 게눈 감추듯 먹어 댄다. 체면 보지 말고 더 먹으라고 일러주시는 나이 든 분. 수염을 깎아 말끔하게 있어야겠다는 생각에서 면도를 해버렸다. 개울물에 발 담그니 더위도 제 놀라 도망가는 듯하다. 더위와 씨름하고 있음이 눈에 선하니 그 마음 편치 않고나. 오찬을 들고나니 더위에 상승한 졸음이 막 몰아쳐 온다. 멋을 부리자. 언제 낮잠 자 보았나 하는 식으로 말이다. 잠결에 들으니 행자가 뭘 들고 왔나 보다. 옥수수, 과자, 백도, 자두, 복숭아, 흰떡, 먹음직스러운

백도. 일어나자마자 먹기 시작한다. 백도 1개, 자두 1개, 옥수수 1개, 그리고 떡 몇 개를 먹어 치웠다. 카세트의 음악을 들으면서 손은 저 스스로 돌아가고 입은 입대로 모두 자율신경에 맡겨놓은 듯하다. 무척 바쁜 시간이다.

2시 39분. 공연히 마음이 들뜬다. 방 한구석에 전화기가 있다. 물론 구내전화겠지만 연상작용이 되어 자꾸 뭔가에 걸려버린다. 할 수 없음이라고 체념하는 순간, 맘이 모질게 되나 보다. 그렇게 모질게 맘을 먹어야 한다. 속이 좋지 않다. 덩그러니 서 있는 콘크리트 화장실. 남/여 구별되어 4칸씩 되어있는 것으로 미루어보아 이 약수암에는 사람들이 많이 오는 곳이란 것을 미뤄 짐작할 수 있다. 예상대로 설사가 진행. 물을 갈아먹고 어제저녁 덮지 않고 그냥 자버린 것이 나의 배가 알아차렸나 보다.

개울가에 앉은 다리하고 가만히 앉아있다.
한없이 맑은 물이 쉼 없이 맑게 흐른다.
저 스스로 놀란 송사리떼 바위 밑으로 숨는다.
한 마리 머리 떠밀며 기어 나온다.

쓰르라미 목놓아 이 여름내 맘껏 살리라 울어댄다.

매미가 맴맴 쓰르라미 스르르
산새들이 제각각 하늘을 무대로 노래도 한다.
아! 자연 속의 저마다의 자연스러운 자연의 신비

홀로 앉아있노라니 호젓한 기분에 쌓인다.
나도 쓰르라미처럼 울어볼까 봐? 고추잠자리처럼 맴맴 돌까?
꼼짝 않고 앉아 머리만 회전시키며 연기만 뿜는다.
아무 생각이 없다. 오늘이 그저 어제였으면 하는 맘뿐.

설사가 심하다. 결국, 그 누구도 어쩔 수 없는 지경에 돌입하고 말았다. 쏜살같이 화장실에 갔건만 설사에는 때와 장소가 없나 보다. 체면도 없나 보다. 결국, 팬츠는 화장실에 선사하고 바지만 입고와 안절부절못하다가 마음을 진정시킨다. 바지가 없어 큰일이다. 의복단장하고 여승만 있는 곳이니 운동복은 입지 말라시던 주지 스님의 얼굴이 떠오른다. 꾹 참다가 저녁을 먹기로 한다. 국에다 밥 한 그릇 말아 깍두기하고만 먹었다. 그리고 산책 삼아 산선암까지 갔다. 소화되라고 킨 사이다 하나 사 마시고 개울 따라 뒷짐 지고 산을 마신다. (1984)

낭만 열차

　기차여행을 가잖다. 아닌 밤중에 홍두깨라고 느닷없이 아침밥 먹고 기차여행을 가자니 순간 난감해진다. 하지만 나도 마음속으로는 어딘가 훌쩍 떠나고 싶었다. 토요일이면 가슴 한구석에 도사리고 있는 역마살이 도지는 것이다. 이럴 땐 두말 말고 떠나는 것이다.
　지하철을 타고 청량리역으로 간다. 마음이 정해지니 행동도 빠르다. 춘천행 플랫폼에서 식당 전단을 나눠주는 아저씨를 눈여겨보며 조금 기다리니 금방 열차가 들어온다. 처음 보는 2층 열차인데 낭만 열차란다. 경춘선 타고 춘천 갈 때와는 사뭇 다른 기분이다. 옛것에 대한 향수보다 새것에 대한 호기심이 발동한다. 타보니 기분이 좋아진다. 앉을 자리가 없다. 경로석엔 젊은이가 앉아 있다. 2층 칸으로 올라간다. 마침 두 자리가 우리를 위한 자리인 것처럼 비어있다. 2층 차창 밖 풍경을 구경하며 가다가 남춘천역에서 내린다. 청량리역에서 음식 홍보 전단을 받아 쥔 아내는 열심히 살고자 전단지를 손수 나눠주는 아저씨 생각해서 남춘천 숯불 닭갈빗집으로 가자고 한다. 우리가 첫 손님이다. 닭갈비와 막국수를 시켜 먹는다. 손님들이 없으니 조금은 을씨년스럽다. 무릇 음식이란 여러 사람이 함께 북적거리며 먹어야 제맛이 나는 법이다.

전단지를 보니, 일 인당 4천 원을 추가하면, 버스로 의암호를 지나 소양강까지 관광을 시켜주고 춘천역까지 모셔준단다. 낭만 열차를 타고 왔으니 그도 괜찮은 방법이다. 두 부부가 우리와 같이 전단지를 들고 들어온다. 식당 주인에게 물어보니 9개의 닭갈비식당이 카르텔을 맺어 한 사람 고용해 전단지를 마련해주면 하루씩 걸러 로테이션으로 식당을 소개하고 식후 관광을 시켜주기로 합의해 운영한단다. 각자 식당을 운영하고 손님유치를 위해 경쟁하지 않고 합동으로 전단지를 만들어 돌리며 함께 힘을 합쳐 장사한단다. 식당끼리 무작정 경쟁하지 않고 서로 협의해 장사하는 아이디어가 멋있다고 생각된다. 손뼉을 쳐주고 싶다.

식후 관광이 시작된다. 나름 관광해설사인 버스 기사는 박사마을 이야기, 노래 소양강 처녀의 작사 이야기 등 재미있게 설명해주니 더욱 좋다. 박사마을은 의암호 옆 전형적인 농촌 마을이 1968년 손병덕 의학박사를 시작으로 박사가 많이 배출되었단다. 1999년 박사마을 선양 탑 건립 때 무려 155명의 박사를 배출했으니 박사 선양 탑을 건립할 만하다. 박사마을을 충분히 자랑할만하다. 게다가 익히 알고 있는 국민가요인 소양강 처녀에 관한 설명을 하면서 우스개소리라며 소양강 처녀 뱃사공이 누구만 태워주느냐고 묻고는 노랫말에 "그리워서 애만 태우는 소양강 처녀"라고 해서 "애만 태운다."라고 하니 무심히 듣고 있던 얼굴들이 환해진다. 한 수 더 떠서 더 재미있는 이야기라며, 총각이 처녀 뱃사공의 배를 탔으니 당신은 나의 아내라고 했더니 한참을 가만히 있다가 배가 강을 건너 총각이 배에서 내리니 당신은 내 배에서 내렸으니 내 아들이요 하더란다. 관광은 때로 이런 재미도 있다.

춘천역에 도착하니 서울행 낭만 열차 시간이 꽤 많이 남아 있다. 우린 시간을 보내려 일부러 역내 카페에 앉아 팥죽 한 그릇 시켜 나눠 먹으며 한껏 여유를 부린다. 그런 연후에 청량리에서처럼 기차를 타러 내려갔다. 아뿔싸! 낭만 열차는 지정석이 있어 표를 사야 한단다. 지하철 경로우대만 받고 무료승차만 하던 버릇이 이런 실수를 빚어냈다. 운임을 내고 타야 하는 사실을 이제야 알게 되었다. 우린 서울 시내 지하철처럼 경로우대가 통하는 지하철인 줄 알고 그렇게 타고 왔고 그렇게 귀가하려던 참이었다. 낯이 화끈 걸렸다. 우린 얼른 매표소로 올라가 표를 사려 했으나 이미 좌석은 매진되었고 입석 표밖에 없단다. 입석 표 2장을 사 들고 탄다. 아내와 나는 그러면 그렇지! 하는 눈 말을 한다. 그것도 모르고 철철 남은 시간을 팥죽 시켜 먹으며 유유자적(悠悠自適)했으니 결과는 팥죽 신세가 되었네그려. 아무튼, 서울까지 1시간여를 서서 가야 한다. 혹시나 빈자리 있을까 다시 2층으로 올라간다. 빈자리가 제법 남아 있다. 무작정 빈자리에 앉는다. 다음 역에서 지정석 손님이 오는 바람에 쫓겨나는 사람이 여럿 있다. 우리도 쫓겨나 바로 뒷좌석에 다시 쫓겨날 각오하고 앉는다. 다음 정거장에 도착해도 손님이 오지 않는다. 아니 손님이 오지 않기를 간절히 바란다. 다행히 아직은 좌석 임자가 오지 않았다. 다음 정거장은? 하면서 보기에는 평온하나 마음은 콩닥거린다. 표 검사하는 역무원이 지나간다. 춘천 갈 때보다 정거하는 역의 수가 더 많은 것은 왜일까? 하는 생각이 머리를 맴돌고 있다. 청량리가 가까워질수록 마음은 더 경계 수위가 높아진다. 역무원이 우리 자리에 오더니 표를 보잖다. 표를 보여주며 입석 표라고 하니 참 운이 좋으신 분들이라며 좌석 임자가 오면 자리를 내주라고 일러준다. 어련히 임자가 오면 좌석을 내주지 않을까 봐 괜한 걱정을 한다고 속으로 한마디 한다. 다행이라 할까? 다음 역은 청량리라는 싸인이 뜬다. 우리가 앉은 좌석은 임자가 없는 좌석으로 우리가 임자인 셈이다. 나이가 드니 먼 거리 여행은 앉아서 가야만 한다. 육체적으로나 심리적으로나 마찬가지다. 이번의 경우는 표를 끊지 않을 심사로 그런 것도 아니고 큰 실수로 일이 이리되고 말았으니 참 어처구니가 없고 웃음이 절로 나온다.

막연히 지하철은 경로우대라는 각인된 우리가 문제지만 춘천 갈 때 아무런 걸림돌 없이 가는 바람에 올 때도 당연히 그러려니 했다가 낭패를 본 셈이다. 전연 예기치 못한 일이 벌어진 셈이다. 청량리역이 가까워지자 우린 죄인이 제 발이 저리다고 정차하려면 한참이 남았는데도 미리 일어나 아래층으로 내려온다. 이게 웬일인가? 입석 손님들이 꽉 차 있는 게 아닌가? 역무원이 우리에게 참 운이 좋으시다고 한 말이 빈

말이 아니구나! 아내는 여행은 오늘같이 번개 모임처럼 계획 없이 해야 제맛이 난다며 기분이 썩 좋단다. 나도 덩달아 기분이 좋아진다. (2015)

* ITE(Intercity Train Express)-청춘 낭만 열차 무임승차경험담을 소개한다.
* 낭만 열차: 용산-옥수-(청량리-삼봉-퇴계원-사릉-평해호평-마석-청평-가평-강촌-남춘천)-춘천

마음의 고향

고향이 어디냐고 물으면 나는 서울이라고 말하면서 조금은 쑥스러운 표정을 짓는다. 고향이란 우리들의 마음을 설레게 해주는 그 무엇이 깃들어 있는 곳이기에 말이다. 서울이라 하면 우리가 생각하는 고향이란 이미지하고는 거리가 먼 그런 곳이기 때문이다. 그래서 그런지 추석이나 설날에 가족들과 함께 고향 찾아 선물 보따리 잔뜩 싣고 교통체증 마다하고 떠나는 사람들이 마냥 부럽기만 하다. 명절이면 고향 찾아 떠난 서울은 텅 빈 죽음의 도시 같다. 우리 가족은 자가용을 몰고 서울 시내 드라이브를 한 적이 여러 번 있다. 훤히 뚫린 도로를 질주하다 보면 여기가 평양인가 할 정도로 한적하고 자동차도 별로 많지 않고 조용하기 그지없어 좋기만 하다. 사실 내가 어렸을 적엔 내 고향 서울도 문안과 문밖을 구별할 정도로 차분하고 조용한 아침의 나라였다.

내가 태어난 곳은 서울의 서쪽 연희전문대(연세대)와 이화여전(이화여대)이 있는 새로운 마을인 신촌의 대현동이다. 태어나서 10살까지 살던 곳. 6·25 동란으로 피난 가기 전까지 살던 그곳은 나의 진정한 마음의 고향이다. 서울(강남)에 살면서도 고향엘 가본지가 꽤 오래되었다. 어느 날 문득 고향에 가고 싶은 생각이 났다.

　나는 470번 청색 버스를 탄다. 시내 중심부를 지나 20여 분 만에 고향에 도착한다. 내린 곳은 세브란스병원 앞 버스정류장이다. 어릴 적 다녔던 길을 영화필름 되돌리듯 신촌역 쪽으로 방향을 잡는다. 철로 밑 굴을 지나야 한다. 가슴 조이며 어두컴컴한 그리고 좁디좁은 굴을 지나던 바로 그 굴이 앞에 있다. 지금은 시원스럽게 확 트인 넓은 굴을 버스가 지나간다. 디카로 사진을 찍는다. 지나가는 사람들이 나를 비정상으로 보았을 것이다. 아무런 특징도 없는 굴을 찍어대니 말이다. 하지만 분명 이유 있는 사진 찍음이다. 굴을 통과해 바로 이어지는 바람산으로 발길을 옮긴다. 바람산! 동네 또래들과 함께 바람산에 올라 놀곤 했다. 특히 장군바위에서 전쟁놀이하며 놀았다. 장군이 쉰 자리에 우리가 들어가 전쟁놀이를 하곤 했다. 바람산엔 나무가 거의 없었다. 그래서 바람이 많이 불어 바람산이라고 했나보다. 나무들이 별로 없었기에 9.28서울수복 때(연희전투는 9월 26일) 나는 똑똑히 보았다. 인민군들이 따발총을 들고 따따따 하면서 바람산을 포복 자세로 뒹굴듯이 후퇴하는 모습을 우리 집 건넛방 창틈으로 내다보았다. 어린 나이에 따따따 하는 총소리에 호기심이 발동하여 이불 뒤집어쓰고 부엌에 피신해 있는 와중에서도 나는 궁금한 것이 한둘이 아니었다. 이젠 장군바위는 온데간데없고 장군께서도 말이 없다. 장군이 쉬한 자리 위에 쉼터(시민공원)가 조성되어 있다. 바람산은 산이 아니다. 다세대주택들이 산을 온통 깔아뭉개버렸다. 바람산 정상에서 나는 어렸을 적에 입력해놓았던 연세대 교정을 지금의 교정과 겹쳐본다. 백양나무 줄줄이 늘어선 캠퍼스의 아름다움이 언더우드 동상과 함께 드러난다. 백양나무들이 뽑혀 보이질 않는다.

이화여전(이화여대) 쪽도 많이 변했다. 우선 이대와 연대 사이에 새절(봉은사) 가는 길이 당시에는 졸졸 흐르는 시냇물이 풍부해 엄마들이 빨래터로 이용하고 꼬마들은 미역 감는 곳이었다. 큰 빨래는 수색 쪽 송장내라는 곳에서 날 잡아서 하고 일상에서 생긴 허드레 빨래는 이대 뒤편의 시냇물에서 했다. 참으로 격세지감이 만감이다.

바람산 정상에서 많은 계단을 밟으며 내려온다. 어린 시절의 광경을 회상하며 마치 꿈속에서 현실의 땅으로 내려오는 그런 기분으로 말이다.

큰길을 건너 신촌 설렁탕 집이 있던 자리에서 나는 잠시 서 있다. 그곳에서 내려다보이는 아랫길에는 양쪽 기와집들이 쭉 들어서 있고 그 가운데에 우리 집도 그곳에 있었다. 장독대가 있고 우물과 펌프가 있고 화단이 있는 기역형자 집이었다. 어느 때인가 봉선화꽃 물들이기로 엄마와 두 딸이 시끄러웠던 저녁도 있었다. 나도 봉선화꽃 물들여달라고 떼를 써 새끼손가락에 봉선화꽃 이파리를 싸 감고 다닌 적이 있었다. 나는 바로 큰길에서 시작되는 경사진 곳에서 썰매를 타며 놀았던 바로 그곳에 서 있다. 썰매 타다 넘어져 깨진 머리에 된장을 발라 얹고 칭칭 감아 싼 내 얼굴이 뒹굴어져 내려오는 것 같다. 또 이곳은 한여름 밤이면 왕잠자리를 비롯해 잠자리들이 엄청나게 많았다. 물론 제비도 많았다. 너나 할 것 없이 동네 꼬마들이 가지가지의 잠자리채를 들고 잠자리 잡느라 잠자리를 마다할 정도로 늦게까지 마냥 즐거워했다. 어느 날, 나는 왕잠자리를 잡는다고 휙 지나가는 물체를 본능적으로 낚아챘다. 그것은 제비였다. 아뿔싸! 이를 어쩌나 하고 마음 졸이며 제비를 날려 보내려 해도 꼼짝하지 않는다. 아빠 도움으로 마루 한 모퉁이에 헝겊을 깔고 제비가 정신 차려 날아가도록 배려를 했으나 헛수고였다. 하룻밤을 새우고 다음 날 아침 제비는 날아가 버렸다. 박씨는 물론 배달되지 않았다. 공연히 내가 호박씨를 깐 격이 되었다. 아무튼, 어떤 때는 목말 탄 왕잠자리를 잡을 때면 환호성을 지르며 으시대곤 했다. 어릴 적 추억들이 확연하게 피어오르는 곳이 바로 집을 중심으로 해서 일어난다. 만감을 접어두고 조금 내려오니 대현 시장이 있는 곳이다. 지금은 젊은 이들이 좋아하는 물건 가게로 모두 바뀌었다. 바글거리는 파리의 끄리냥꾸르(Clignancourt) 벼룩시장 같다. 많은 젊은이들 틈을 비집고 나는 고향 냄새를 맡고자 하는 집념으로 끈질기게 이어 갔다. 외할아버지가 늦둥이 외삼촌 때문에 안방처럼 드나들었던 대현 지서가 그 자리에 그대로 있고 신촌역사(驛舍)가 한눈에 보인다. 당시 현대교육을 받으려 기차통학을 하던 학생들이면 신촌역사는 기리 보존되어야 하는 역사적 건물임이 틀림없다. 이리저리 골목길까지 그대로인가 보다. 숨바꼭질하던 길들이 그대로 남아있다. 차마 숱한 발자국들을 지을 수 없었나 보다. 따지고 보면 우리들의 현대화란 근본적인 개혁 또는 현대화라기보다는 덧칠하기에 급급한 것이 아니었나 싶다. 이곳엔 외할아버지댁, 큰 이모 댁, 그리고 우리 집이 있어 항상 이런저런 집안일들이 있어 바빴고 재미도 있었다. 큰이모 댁에서 열렸던 감기 낫게 해달라는 굿판은 어린 나에게도 잊을 수 없는 충격적인 일이었다. 무당이 작두 위에서 춤을 덩실덩실 추는 모습은 지금도 그대로 그림을 그릴 수 있을 정도로 기억하고 있다. 대현동 사람들이 여름이면 모이는 큰 느티나무가 있는 쉼터는 지금도 마음마저 시원함 그 자체였다. 선풍기 하나 없던 그 당시에 느티나무 아래는 여름이면 그야말로 여름 휴양지였다. 장뱅이를 풀어 제치고 더위를 날려 보내며 갖가지 놀이를 즐기던 곳이며 말의 잔치가 끊이지 않던 문화공간임이 틀림없다. 지금은 무허가 건물들이 즐비하게 늘어서 있었나 보다. 공원 조성이란 현수막이 붙어 있고 철거라는 붉은 글씨가 어지럽게 쓰여 있다. 참으로 인간들이란 어리석은 존재임이 틀림없다. 그 아름다운 자연의 나무가 있는 자연공원을 엉망으로 만들어 놓더니 이제야 공원화 계획을 발표하다니 참으로 우스운 일이 아닌가? 또 이를 아는 이들이 얼마나 될까? 이곳이 옛날 자연공원이었던 곳이란 것을 말이다.

오늘 문득 찾아온 고향 신촌은 나에게 낯설게만 보였다. 느티나무가 있는 동네 쉼터가 내 고향 대현동이다. 또 하나 이화여전과 연희전문이 있어 자랑스러워했던 곳이기도 하다. 물 졸졸 흐르는 시냇물 따라 새절로 소풍 갔던 그런 곳이다. 연희전문대 안에 있던 후궁 능*에서는 대굴대굴 구르며 놀던 그런 곳이었다. 지금은 무질서하게 건립된 현대건물들. 그리고 액세서리와 옷가게들로 꽉 들어찬 곳에 젊은이들이 들끓고 있다. 젊은이들의 고향? 으로 변해버렸다. 보이는 것들에서 고향의 따뜻한 마음을 읽을 수는 없었지만 그래도 젊은 피가 끓고 살아 움직이는 고향은 그래도 좋다. 내가 살아있는 한, 나의 고향은 나의 고향이기 때문이다. 다음에도 문득 고향이 생각나면, 나는 또 청색 버스 470번 타고 갈지 모르겠다. 겨우 20분이면 갈 수 있는 나의 고향. 무려 50여 년이 훨씬 넘은 세월 동안 마음속에 품어온 내 고향. 고향을 사랑하는 마음을 다시 한번 챙겨보자. 고향은 마음의 영원한 안식처이기 때문이다.
(2006)

---

* 조선 26대 영조의 후궁이자 장현세자(사도세자)의 생모인 영빈이씨의 원묘. 현재는 서오능(수경원)으로 이장.

나와 6.25

　　세상이 갑자기 달라졌다. 사람들이 옹기종기 모여 뭔가를 수군거린다. 기와집 새로 지어 단란하게 살기 시작한 지, 얼마 되지 않아 엄청난 일이 벌어진 것이다. 6.25 동란이 터졌다. 나는 당시 이런 사실을 정확히 알지 못했지만, 어린 나이에도 불구하고 돌아가는 분위기로 보아 심각함을 점지할 수 있었다. 사는 모습이 아주 다른 세상으로 변했다. 무슨 모임이 잦은 것 같았다. 심지어 어린 국민(초등)학교학생들을 방학임에도 불구하고 운동장에 모이게 했다. 그래서 들어보지도 못했던 노래를 배웠는데 박동감이 넘치는 그런 노래로 기억된다. 하지만 날이 가면 갈수록 먹는 것이 부실해졌다. 끼니 걱정이 시작되었나 보다. 드디어 난 역전 근처에 지천으로 깔린 명아주이파리를 따고 있었다. 삶은 명아주이파리로 끼니를 때우고 있어야 했다. 이런 일이 왜 벌어졌는지는 확실치 않았다. 갑자기 몰아붙인 전쟁은 도시민들에게는 치명적일 것이라는 생각이 아주 나중에 들었다. 고등학교 때 고문 선생께서 전쟁은 영화에서는 신나는 것이라고 하면서 실제로는 일어나서는 안 된다고 단호히 말씀하신 것이 생각난다. 더욱이 한참 커서 폴란드의 아우슈비츠 유대인수용소에 갔을 때의 나의 마음은 무어라 표현할 수 없이 전쟁을 증오하지 않을 수 없었으며 히틀러가 그리 미울 수가 없었다. 길면 길수록 도시민들은 먹을거리를 걱정하지 않을 수 없다. 결국은 친척 되시는 아저씨와 셋방 아저씨 그리고 울 아빠가 쌀을 구하러 평택 쪽으로 가셔야만 했단다. 우린 아빠가 쌀 사 오시면 흰쌀밥 해줄 터이니 참으라고 하시는 엄마의 말씀만을 믿으며 주린 배를 달랠 수밖에 없었다. 아빠가 없는 집에 어느 날 대문을 두드리는 소리에 놀라 울 엄마가 나가 보니 인민군 장교와 졸병 두 명이 따발총을 들고 집안으로 들어왔다. 그리고서 두레박으로 우물물을 퍼드니 엄마에게 마셔보라고 하고 난 뒤 아무 이상 없다 싶은지 물을 꿀꺽꿀꺽 마시는 것이 아닌가? 그뿐인가 마루에 앉아 따발총을 분해 청소하고 있다. 안방에 숨죽이고 있던 나는 작은 창문으로 내다보다가 그만 장교 눈과 나의 눈이 마주치게 되었는데 나보고 나오라는 것이 아닌가? 아뿔싸! 난 겁이 났다. 이젠 아빠도 보지 못하고 죽는가 싶었다. 울 엄마도 금방 안색이 파래졌다. 그런데 인민 장교는 졸병에게 건빵 한 봉지를 주라고 하는 것이 아닌가? 난 떨면서 건빵 한 봉지를 받아들고 그만 졸도할 뻔했다. 이젠 무서움보다 건빵을 손에 쥔 그 기쁨에서 말이다. 배고픔은 굶주린 자 만이 안다. 건빵 맛은 정말 꿀맛이었다. 어찌나 인민 장교가 고마운지! 참 간사한 사람의 마음! 그 뒤로 나는 그때의 건빵 맛을 잊지 못한다. 정말 고마운 인민군 아저씨였다. 아마도 한가위가 가까운 시기쯤이었나 보다. 추석 떡은 고사하고 울 아빠는 소식이 없었다. 어디선가 폭탄 소리가 들리고 야단이 났다고 야단들이다. 서울탈환을 위한 9.28수복이었다. 9월 26일, 연희전문대 앞 굴다리 근처에서 기관총 소리에 폭탄 소리가 뒤섞여 요란했다. 신촌역 옆에 있는 쌍굴에서도 야단이 났나보다. 우린 쌕쌕이에다 B29 비행기가 나타나면 얼른 겨울 이부자리를 부둥켜안고 부엌으로 들어가 옴짝달싹 않고 숨죽이며 있어야 했다. 얼마간 지났나 보다. 신촌역 앞 바람산엔 인민군들이 포복하며 쏜살같이 기어가는 모습이 눈에 들어오고 대포 소리에 탱크 소리 그리고 기관총 소리도 들린다. 호기심 많은 나는 창문으로 목을 빼고 소리 나는 쪽을 쳐다본다. 인민군 탱크가 후퇴하는가 보다. 어떤 놈은 쌕쌕이에서 퍼붓는 폭탄에 맞아 불이 붙었는데 그 탱크를 끌고 간다. 결국은 불구덩이 속에서 뛰쳐나오는 장면이 목격되기도 했다. 아마도 연희전투(9월 26일)에서 인민군들이 후퇴하는가 보다. 신촌역 앞길을 따라 탱크 두 대가 후퇴하고 있었고 바람산에선 끝없이 따발총부대가 낮은 포복을 해가며 줄을 잇는다. 나무가 없는 민둥산 바람산은 모든 것들을 그대로 드러내 보이는 산이다. 공중에선 쌕쌕이가 날렵하게 포물선을 그으며 폭격과 사격을 해댄다. 그리고 냅다 하늘로 치솟으며 하얀 방귀를 뀌며 날아간다. 불이 붙은 탱크는 그래도 가고 있었다.

이런 와중에 쌕쌕이하고 B29에서 조명탄을 발사해 까만 밤을 대낮처럼 만들어 놓고 이젠 폭탄을 퍼부어 불바다를 만들어 버렸다. 우리 집을 포함해 신촌역전 앞 대현동 집들이 맥없이 불에 붙었다. 아마도 인민군의 퇴로를 차단하기 위한 수단이었으리라. 하지만 이로 인해 우리 가족은 혼비백산이 되었다. 한마디로 아수라장이다. 올망졸망 4식구를 엄마는 어쩔 줄을 몰라했다. 엄마는 최우선으로 우리 꼬마들을 옆집 길가 화장실 속에 가두어두고는 아마도 중요한 물건들을 임시로 길 건넛집에 맡기고자 했었나 보다. 한데 문이 열리지 않자 할 수 없이 엄마는 우리 집 장독대 항아리에다 물건을 넣고 숨기는 수밖에 없었단다. 여자 혼자 쉬운 일은 아닐 것이다. 전쟁 통에 갑자기 불이 나 서로들 어찌할 수 없는 상황 속에 어찌하겠는가? 목숨이 하늘에 달려있는데 말이다. 결국은 셋집 아저씨에게 우리를 맡기셨다. 노고산 꼭대기 아는 집으로 피난하기로 하고 엄마는 불타는 집 속에서 이것저것 챙겨 독에 담아 놓았단다. 하지만 결과는 아무것도 건질 수 없었다. 사진 한 장 건질 수 없었으니 말이다. 우린 임시 소대장? 셋방 아저씨의 명령에 따라 노고산 정상을 목표로 가고 있다. 큰 도로를 건너야 하는데 인민군들이 로터리 한쪽에 기관총을 설치해 연발로 총을 쏴대고 있는 것이 아닌가? 최후의 발악을 하고 있다. 탱크가 지나가고 비행기가 윙윙거리고…. 총소리 난무하는데 이런 틈 속에서 뛋! 소리에 뒤도 돌아보지 않고 한 길을 뛰어 건너기 시작했다. 우리 일행은 똑똑한 소대장의 임무 수행으로 무사히 길을 건널 수 있었다. 그러나 업혀 가던 셋집 막내아들의 다리가 총에 맞아 피투성이가 되었지만, 극한상황 속에서 어쩔 수 없이 뛰기만 했다. 정말 우린 총알 사이를 비껴간 셈이었다. 그런 와중에, 내 눈에 들어온 한 장면은 지금도 잊혀지지 않는다. 노고산 정상을 거의 올라간 즈음에 방공호로 막 들어가고 있던 남자 한 분이 입구에서 총에 맞아 쓰러져 죽어가는 모습이 지워지지 않는다. 우린 정말 총알 사이를 뚫고 목적지에 다다르게 되었다. 기적적으로 살아남은 셈이다. 빗발치듯 총알이 귀밑을 쉬익! 하고 지나간다. 엄마는 까마득하게 잊어버렸다. 목적지에 도착하니 다른 분들이 많이 와 있었다. 그 집이 어떤 분의 집인지는 확실치 않으나 상당히 알려진 분의 집인 듯싶다. 많은 사람이 와 있는 것을 보니 말이다. 조금 정신을 차려 보니 문안에 시커먼 연기 줄기가 피어오름을 알아차리게 되었다. 어른들의 말씀을 듣고 남산에서 나는 연기였음을 알았다. 남산엔 연기 기둥이 불기둥과 어우러져 장관? 을 이룬다. 문안 곳곳 다른 곳에서도 서너 개의 검은 연기 불기둥이 길게 하늘 위로 춤을 추며 올라간다. 전쟁으로 숨을 거둔 영혼들을 실어 나르기라도 한 것처럼 말이다. 내 눈에 펼쳐진 세상은 넓기도 했다. 신촌에서만 살아온 나는 눈에 보이는 서울이 딴 세상 같았다. 한참 후, 엄마가 오시지 않았음을 알게 된 우리는 안절부절 걱정만 하고 있었다. 얼마나 지났을까 드디어 엄마가 헝클어진 머리를 하고 마치 미친 여자처럼 하고 오셨는데 무척 힘들어하셨다. 나중에 들은 이야기로는 울 엄마가 도로를 막 건너는 순간에 퍽하고 폭탄이 떨어졌단다. 그런데 그 폭탄이 불발이었단다. 불량폭탄이 사람을 살린 것이다. 나쁜 것이 나쁜 것이 아니다. 뜬눈으로 밤을 지새우고 검은 연기 기둥에 넋을 잃은 나는 정말 잠을 잘 수가 없었다.

다음날 해방이 되었단다. 햇살이 유난히 밝았다. 너무도 어제와 판이한 날이었다. 아침 일찍 동네 형들과 함께 이화여대 입구 쌍굴로 줄달음치듯 갔다. 인민군 보급창고가 있던 곳이기에 후퇴한 지금 그곳에 가면 무엇인가 있을 법하다는 형들의 얘기를 듣고 가보았으나 이미 텅 빈 굴만이 을씨년스럽게 어지럽혀져 있었다. 오는 길에 드럼통 속에서 목욕하는 이상하게 생긴 노랑머리의 군인이 있었는데 어린아이들이 손 벌려 무엇인가를 달라면서 모여 있는 광경이 목격되었다. 나중에 나도 그런 행동으로 미군들에게서 초콜릿을 난생 처음 얻어 먹어본 기억이 생생하다. 헬로 초콜릿! 하면 마음씨 좋은 미군 아저씨는 초콜릿을 주곤 했다. 그들은 드럼통 속에서 목욕하곤 했다. 초콜릿 때문에 잠시 잊었으나 집으로 곧장 줄달음쳤다. 우리 집 한옥은 온데간데없고 연기만 모락모락 나는 집터뿐이었다. 무엇인가를 찾고 계시는 엄마는 헝클어진 머리엔 신경 쓸 겨를도 없이 그저 김이 모락모락 나는 장독대를 이리저리 살펴보고 계신 것이 아닌가? 모두 타 버렸다. 실성한 사람처럼 물끄러미 연기가 아직도 모락모락 나는 잔재를 망연자실 쳐다보고 계신다. 나는 그놈의 쌕쌕이하고 B29놈이 조명탄을 쏘아 불을 질렀다며 욕을 퍼부었으나 누구 하나 내 말을 들어주는 이 없었다. 혼자 중얼거림이었다. 집이 몽땅 타버렸다. 아직도 타나 남은 물건들에서 연기가 난다. 아무런 이유도 없이 우리 집을 포함해 도로변을 끼고 있는 집들이 몽땅 타버렸다. 길 건넛집들은 아무 이상이 없었다. 전쟁은 애꿎은 평범한 시민들의 삶을 짓밟아 버렸다. 우리 집의 경우엔 아빠까지 빼앗아 가버렸다. 4남매를 30대 초반의 여자가 어찌 먹여 살릴지 걱정이 태산 같았을 것이다. 말 그대로 하늘이 무너지고 땅이 꺼지는 것 같은 심정을 어린 것들이 어찌 알았겠는가? 참으로 지금 생각하니 답답하기도 하고 엄마가 얼마나 속상했을까 생각하니 눈시울이 앞을 가리고 가슴이 아리다. 하룻밤 사이에 집이 잿더미가 되었다. 우리 잘못이 아니지만 말이다. 목숨을 앗아간 것에 비하면 집쯤이야 아무것도 아니다. 하지만 참으로 억울한 노릇이다. 차라리 죽었더라면 걱정은 하지 않아도 되지 않았을까? 전쟁 통에 어린 네 식구를 어찌 먹여 살릴 수 있을지? 그것이 제일 큰 문제였으리라. 9.28수복 이후 집 없는, 아니 집이 타버린 가족들을 위해 동사무소에서 임시로 집을 주선해 주었다. 그 집이란 빨갱이들이 살던 집이다. 제법 큰 집이다. 우린 너무 무섭다 하여 다른 작은 집으로 옮기는 일을 여러 번 했다.

    네 식구를 먹여 살리는 문제로 고민하던 울 엄마는 장손인 나를 작은할아버지 댁으로 보냈다. 나는 당연한 처사로 여겼다. 다른 방도가 없으니 어머니 말씀을 거역할 수도 없었다. 영등포로 거처를 옮긴 나는 장손의 대우보다는 천덕꾸러기? 에 지나지 않았으리라. 그럴 것이 작은 할아버지 댁엔 자그마치 9남매에다가 혹 달린 할머니까지 계셨다. 결국은 나도 내가 먹을 것은 벌어야 한다는 원칙에서 벌이에 나선 것이다. 길거리에 좌판을 벌여놓고 껌이나 초콜릿 등을 팔게 되었다. 때가 때인지라 잘 팔리지 않았다. 궁하면 통한다고 했던가? 팔리지 않는 길거리 좌판을 포기하고 어깨에 좌판대를 걸치고 이리저리 사람 많은 곳으로 다니는 좌판 행상으로 변신했다. 앉아 손님을 기다리는 것보다는 손님을 찾아다니는 행상이 그나마 나았던 것같다. 열 살짜리 좌판 행상의 타향살이가 말이 아니었다. 한데 나의 운명은 좌판 행상을 계속할 수 없는 운명을 타고났나 보다. 사건이 터졌다. 어느 날, 여느 때와 마찬가지로 영등포시장 근처를 어슬렁거리며 행상을 하고 있는데 시장 안에서 갑자기 총성이 들렸고 많은 사람이 뛰쳐나오면서 아우성을 쳤다. 호기심이 발동한 나는 종종걸음으로 좌판을 어깨에 멘 채, 사건 현장 쪽으로 다가가고 있었다. 갑자기 총성이 다시 나면서 구경꾼들이 우르르 도망치면서 나를 밀치고 쓰러지고 넘어지고, 야단법석이었다. 내가 일어났을 때는 좌판에 있던 물건들은 땅바닥에 흩어져 있었다. 아뿔싸! 돈 벌러 나왔다가 본전까지 말아먹은 꼴이 되었다. 엉망이 된 좌판을 들고 나는 대문 앞에 쪼그리고 앉아 있어야 했다. 차마 들어가지 못했다. 장손의 체면이 말이 아니었다. 갑자기 울 엄마가 보고 싶어졌다. 그날 이후 좌판 행상은 끝났다. 참 잘된 일이다. 온종일 걸어 다니며 팔아봤자 살림에 보탬

이 되는 것도 아니었다. 그날 이후 나는 영등포 할아버지 동생이 사시는 구로동 빨간 대문 집으로 옮겨졌다. 좋은 말로 쫓겨난 셈이다.

　빨간 대문의 할아버지 집에는 어린 애가 없어 그나마 대우가 좋았다. 하지만 전란 중이라 먹을 것이 넉넉하지 않다는 것은 어느 집을 막론하고 마찬가지이다. 배고픔은 현실이다. 따라서 어떤 수단이라도 찾아내게 마련이다. 내 또래들이 함께 어디론가 가고 있음을 우연히 알게 된다. 본능적으로 뒤쫓아간다. 그곳은 다름 아닌 한강 줄기인 구로 강변 둑이었다. 거기에서 아이들이 개구리를 잡아 즉석에서 구워 굵은 소금에 찍어 먹고 있는 것이 아닌가? 배고픈 아이들은 배고픈 아이의 사정을 아는가 보다. 개구리 뒷다리 하나를 얻어먹었다. 참으로 맛있고 참으로 고마웠다. 그들은 쇠꼬챙이를 하나씩 들고 있었고 그 쇠꼬챙이로 개구리를 때리면 뻗어 버리는데 뒷다리만 남기고 나머지는 바로 처치해 버린다. 그런 다음 불 피워 구워 먹는다. 물론 각자 굵은 소금을 지참함은 제가 알아서 챙겨야 한다. 나는 집에 오자마자 굵은 철사를 구해 나무 손잡이를 만들어 제법 근사한 개구리잡이 도구를 마련했다. 이 도구를 만드는 일이 나에게는 그리 어렵지 않았던 것은 아빠 옆에서 이것저것 만드는 것을 보고 자랐기 때문이다. 목수인 아빠는 어찌 되었는지 궁금하다. 우리 식구들도 잘살고 있는지? 나만 개구리 뒷다리 먹고 배불러 하는 것은 아닌지? 참으로 뒤숭숭하다.

개구리 철이 지나 가을이 되어 나는 다시 집으로 불려갔나 보다. 장손이라 맡겨놓았더니 고생? 을 시킨다며 울 엄마가 나를 데려갔나 보다. 굶어도 함께 굶자며 나를 데려갔을 것이다. 소식 하나 없는 아빠를 생각하면 참으로 매몰찬 인간이라 생각되었을 것이다. 그래도 아이 크는 모습이라도 보며 가난을 씹어 먹으며 살지 이렇게 생각한 것은 아닌지? 언젠가 울 엄마에게서 들은 아빠에 관한 이야기는 이렇다. 혼자 살아 돌아온 셋방 집 아저씨가 영 맘에 들지 않은 미심쩍은 점이 있었단다. 그래서 죽었다고 해도 좋으니 얘기나 좀 해달라고 사정을 했는데도 전연 모른다고만 하더란다. 어느 날 '아저씨 계슈?' 하고 방문을 여니 셋방 아저씨가 많은 돈을 세고 있다가 소스라치듯 놀랐다고 한다. 전쟁 중 웬 돈이 이렇게 많으냐고 하며 다짜고짜 울 아빠의 생사를 물었단다. 그래도 끝까지 시치미를 잡아떼더란다. 결국, 아무런 소식을 듣지 못했단다. 다만 짐작으로 저 작자가 숨기고 있는 거라면서도 증거가 없으니 환장할 노릇이었단다. 이렇게 해서 울 아빠의 소식은 행방불명이 되어 지금까지도 오리무중이다. 한 사람의 생이 전쟁이란 이름으로 사살되고 말았다. 지금의 나도 화가 날 지경이니 울 엄마는 당시 얼마나 가슴이 미어졌을까? 참으로 답답하고 울화통이 터질 일이다.

개구리 잡아먹던 해의 겨울은 유난히도 추웠다. 내 기억으로 오줌을 길거리에서 누어도 금방 고드름이 될 정도였으니 말이다. 고드름이 거꾸로 땅바닥에 세워져 있을 정도로 추웠다. 실은 못 먹어서 더 추웠으리라 짐작된다. 못 먹고 못 입고 아무튼 당시는 '못'의 시대였으니 말이다. 한데 또 웬 날벼락이란 말인가? 하도 날벼락이 많아 '말에서 입'(입에서 말)이 안 나올 판에 이 추운 겨울에 피난을 가지 않으면 안 된다니 말이다. 유엔군이 북한을 해방했다고 하더니 중공군개입으로 1.4 후퇴가 어쩔 수 없었나 보다. 가다가 죽어도 빨갱이 밑에서는 못산다며 울 엄마는 결심했나 보다. 어느 날인가 추워 벌벌 떨고 있는 밤. 주섬주섬 옷가지를 챙기고 심지어 양은냄비에 작은 솥단지까지 챙겨 피난길을 떠나게 되었다. 큰놈 작은놈 할 것 없이 보따리를 하나씩 을러메고 남으로 내려가잔다. 피난 기차를 타기 위해 꽁꽁 언 한강을 미끄럼 치듯이 미끄러져 가며 건너 영등포역으로 가고 있다. 피난민들의 행렬은 사막의 낙타 행렬처럼 끊어진 한강 다리 옆으로 얼음길이 생겨 그쪽으로 줄줄이 이어진다. 마치 보따리 행렬처럼 사람들이 많았으나 사람들이 보이질 않았다. 원체 추워 몸을 보호한답시고 칭칭감고 덮고 해서 몸이 꼭꼭 숨겨져 있기 때문이었다. 사람이 걸어가는 것이 아니라 무슨 희한한 동물이 굴러가는 것 같았다. 영등포역에 도착해 며칠을 있었는지도 모르겠다. 피난 열차가 우릴 기다려주지 않았다. 역 앞에서 정말 하염없이 오로지 한가지 피난 열차를 타는 것 이외에는 아무것도 없었다. 어찌어찌해 열차 한 모퉁이에 자리를 잡았다. 참으로 운이 좋은 편이었다. 너무 추워 겨울 솜이불을 바닥에 깔고 이불을 뒤집어쓰고 있어야 했다. 한번은 이

불을 뒤집어쓰고 누워있는 나를 화장실 가는 어느 힘 좋은 아저씨가 나의 목 주위를 밟아 죽는 줄 알았다. 전쟁 중 총알에 맞아 죽는 게 아니라 열차 속 이불 뒤집어쓰고 있다가 밟혀 죽었다면 이 얼마나 억울했을까? 하마터면 큰일 날 뻔했다. 아까운 사람 하나 비명에 갈뻔했다. 울 엄마 정말 기절할 뻔했다. 그래도 살아남았으니 엄마한테 효도한 셈이다. 엄마의 삶의 목적은 오로지 나(우리)였기 때문이다. 어찌 된 영문인지 모르지만(아마도 어느 지점에선가 누가 내렸나 보다) 차창 가에 엄마와 우린 자리를 잡을 수가 있었다. 성에가 낀 그 차창을 보며 노래를 부르시는 엄마의 모습이 지금도 생생하게 떠오른다. "가기 전에 떠나기 전에 하고 싶은 말 한마디는 유리창에 그려보는 …." 철부지 나는 그 노래가 그리도 좋았는지 울 엄마가 노래한다고 좋아했다. 장성해서 알게 된 이 가요는 '이별의 부산정거장'이란 것임을 알았다. 못다 부른 노랫말은 이렇게 이어졌다. "가기 전에 떠나기 전에…. 유리창에 그려보는 그 마음 안타까워라. 고향에 가시거든 잊지를 말고 한두 자 봄소식을 전해주소서 몸부림치는 몸을 뿌리치고 떠나가는 이별의 부산정거장." 더 노래가 이어지지 않았던 엄마의 마음이 성에 낀 차창에 비친다. 엄마야! 유리창에 그려보는 그 마음 안타까워라!

이윽고 도착한 곳이 대전역이었다. 역전에 피난민들을 위한 임시대피소로 천막이 쳐져 있었다. 우리도 짐을 풀어놓고 다음 열차를 기다릴 수밖에 없었다. 부산으로 피난가려 했지만, 부산까지 갈 수가 없었단다. 모든 사람이 대전역에 내렸다. 허허벌판 숲속에 새끼들 숨겨두고 어미 치타가 먹이 사냥을 하러 나가는 것처럼, 엄마는 먹을 것을 얻으러 어디론가 가버리셨고 우리만이 짐을 지키며 역전에 있었다. 난 역 주변을 우리 집 마당처럼 돌아다니며 시간을 보냈다. 그런데 이상하게도 많은 열차가 서울 쪽으로 계속 가고 있음을 확인했고 열차에는 대포라든가 전쟁에 관련된 물건들이 실려 있었다. 어느 날 어느 열차인가에 방독면이 가득 실려 있었다. 나는 무심코 방독면 한 개를 집어 들었다. 실은 주위를 살피며 훔친 것이다. 얼굴에 써 보니 괴물 같았지만 제법 멋이 있었다. 피난 중 이 방독면을 장난감처럼 무척 애지중지했던 기억이 난다. 나중엔 지저분한 것들 다 잘라버리고 유독 커다란 플라스틱 안경(고글)만을 가지고 놀았다. 그때는 정말 아무것도 모르고 피난 가던 소년이 호기심에 만화에 나오는 괴물 같은 물건을 그냥 가져온 것이다. 죄가 있다면 울 엄마가 날 그냥 역전에 내버려 둔 것이다. 천막으로 돌아와 보니 냄비와 작은 솥단지가 없어졌다. 얻은 것이 있으면 잃은 것도 있는 법이다. 방독면을 얻었다면서 좋아했던 그 기분이 양은 냄비가 없어지는 바람에 김이 새고 말았다. 냄비 훔쳐 간 놈이 나쁜 놈이라면서 방독면 훔쳐 온 놈이 흥분했으니…. 며칠을 천막에서 보냈는지는 몰라도 다음 기차를 탈 때까지 마냥 있었던 것 같다. 아마도 부산행 피난 기차는 더 없고 호남선만이 그나마 가능했나 보다. 이 때문에 엄마는 친정 쪽 작은 할머니 고향으로 끈을 얽어 가시게 된 것이 아닌가 한다. 실은 외할아버지께서 대를 이을 아들 얻으시겠다고 울 엄마의 어머니를 여의시고 바로 외할머니를 얻으셨으나 딸만 다섯을 낳는 바람에 다시 작은 외할머니를 얻으셨단다. 아들 하나 낳으시고 또 딸 하나를 더 낳으셨는데 그 작은 외할머니의 고향인지 아니면 그분의 오빠가 사시는 곳인지 전라도 익산시 오산면 오산리 모산평이란 시골이 있었다. 어느 날 우린 갑자기 낯설고 물 설은 모산평이란 논 한가운데 100여 호가 있는 마을 한 구석 외딴집 방 하나에 온 식구가 살게 되었다. 참으로 멀고 먼 곳으로 피난 온 셈이다. 그곳은 전형적인 농촌 마을이었다. 우리 가족은 이곳에서 서울댁이란 이름으로 4년간 피난살이를 했다. 그곳은 실은 전쟁과는 거리가 먼 평화로운 마을이었다. 농사를 지으니 먹을 것 걱정 없고 사시사철 때 따라 마을잔치가 있고…. 아무튼 나를 3학년에 다시 입학시켰고 졸업 때 서울로 올라가야 한다고 엄마가 주장하셨다. 아마도 말은 제주도로 사람은 서울로 하는 말을 철저하게 믿으셨나 보다. 아니면 이때를 놓치면 고향 서울로 올라갈 수 없다고 생각하셨는지 모른다. 열심히 공부만 한 나는 전북 교육감상을 받고 우리 엄마에게 큰 기쁨을 주었다. 전쟁의 아픔을 오로지 큰아들에게 희망을 품고 남편처럼 아버지처럼 의지하며 6.25의 아픔을 견디셨던 엄마는 당시 우리들의 엄마들과 전혀 다르지 않은 엄마 상이다. 그런 엄니가 1996년 8월 26일 돌아가셨다. 오래 사실 것 같던 엄마였다. 지금은 우리 엄마가 몹시도 그립다. (2010)

나의 세 끼

끼니란 날마다 일정한 때에 음식을 먹는 일이나 그 음식을 뜻한다. 여기서 끼는 끼니를 세는 단위이다. 나이가 80이 넘으니 나의 세 끼는 평생 이어왔던 일상의 끼니와는 다른 의미를 지니게 되어 먹는 음식량이 줄어들고 세 끼니를 다 채우지 못할 때도 가끔 생긴다. 요즘처럼 100세 시대를 맞이해서 너나없이 오래 살기를 원하니 끼니를 조정하거나 건강식으로 끼니를 바꾸니 끼니에 관한 의미도 바뀌고 다양해지고 관심 또한 많아졌다. 세상이 온통 먹거리로 싸 발라놓은 듯 먹방이 판을 치는 세상이 되었다. 많은 생각이 끼니에 얽힌다.

나의 10대 때는 국민(초등)학교 시절이니 해방 후 얼마 되지 않은 시기여서 개인이나 나라나 살림이 어려웠던 시기라 여겨지지만, 엄마가 차려주는 밥상이 그렇게 그리울 수가 없다. 어릴 때이니 아무거나 잘 먹을 때이고 다른 선택의 여지가 없어 그런지도 모르겠지만 그때가 그냥 그립다. 기억에 남는 것은 김장하고 나면 엄마가 싸주는 배추쌈 맛이 기막힐 정도였고 쌈도 쌈이지만 배추꼬랑이 국은 지금도 눈에 선하다. 아마도 지금은 배추꼬랑이 국을 먹을 수가 없어 더 그리운 것이다. 게다가 고향인 신촌은 연평도와 가까워서 그런지 연평도 조기가 흔했다. 눈이 크고 노란빛이 나는 어른 손바닥 두 배쯤 되는 크기의 연평도 조기로 끓인 매운탕이며, 겨울이면 지천으로 깔린 동태로 끓인 동탯국이 밥상에 언제나 올라왔다. 특기할 사항은 10살 때 6.25를 만나 한참을 굶기까지 한 힘든 고난의 시절도 겪게 되었다. 그러나 흔히 말하는 꿀꿀이죽이 그렇게도 맛있던 기억은 그만큼 고팠던 시절이었기 때문일 것이다. 1.4 후퇴 때 피난 가기 직전까지의 배고팠던 시절, 명아주 이파리를 삶아 먹던 고달팠던 시절은 정말 잊을 수가 없다.

20~30대에는 다행히 나라 경제도 좋을 때고 가정도 안정을 찾아 하얀 흰쌀밥에 가끔 고깃국도 맛볼 수 있었던 시기다. 가끔은 특식으로 엄마가 마장동에서 소 다리와 소꼬리를 사 오셔 곰국에 소꼬리 삶아 보신용으로 먹은 기억이 새롭다. 지금도 가끔 아내에게 도가니탕 이야기를 하면 어쩌다 기분 내키면 소 다리 물렁뼈 국을 끓여주는 값진 배려를 해주어 고맙기도 하다.

40대 때는 프랑스 유학을 떠나 모두 10년쯤 보냈으니 프랑스인들처럼 바게트(막대기 빵)와 프로마즈로 일상생활을 하니 자연 바게트의 맛과 치즈의 맛에 부분적이나마 익숙해질 수밖에 없다. 프로마즈 종류만도 400여 종류나 된다니 말이다. 그리고 마실 물이 좋지 않아 포도주를 식사할 때 물 마시듯이 마시곤 하나 나에겐 흔한 일은 아니었다. 포도주는 술이란 개념보다 음식 맛을 돋워주는 그런 역할을 하는 것이다. 코냑도 식사 후 소화제 정도로 한잔 정도 마시는 것도 알고 보니 그럴 듯도 하다. 우리처럼 코냑을 물 마시듯 하는 것이 아니다. 아는 만큼 보인다는 것처럼 10년 정도의 파리 생활을 통해 보니 지금도 가끔 단골 빵집에서 갓구운 바게트를 사 들고 집에 오기 전에 참지 못하고 뜯어먹으며 걸어오는 모습이 눈에 선하다.

50~65세 때에는 직장이 대구에 있는 관계로/ 그리고 가족은 서울에 거주하고 홀로 대구에서 거주하게 된 관계로 아주 자주 여러 종류의 라면을 애용했던 시절이 있었다. 라면을 삶아 건더기만 건져 마치 파스타처럼 활용해 먹던 홀로 삶이 새롭기조차 하다. 외식을 자주 하고 학교 구내식당에서 먹는 누룽지를 잊지 못한다. 구내식당 아주머니의 친절도 끼니와 함께 맛있는 양념이었다. 몇 개의 식당을 정해서 요일마다 다른 식당을 돌아가며 끼니를 해결했던 그 시절도 그립기만 하다. 여러 종류의 무침 가운데 회무침이 맛있고 따로국밥에 소피국(해장국)까지 다양한 메뉴들이 생각난다.

은퇴 후 아이들이 결혼해 독립하고 나니 아내와 단둘이서 하는 삶 속의 세 끼니는 어느 집이나 비슷하겠지만 건강을 챙기는 식단으로 바뀌어 체중을 줄인다든지 당뇨병이 오지 않도록 식단을 짠다든지, 무슨 영양소를 보충해야 하니 무슨 영양소 가루를 첨가해 먹는다든지, 마신다든지 등등 오로지 건강을 위한 식단이 마나님께서 철저히? 따져 마련한 세 끼를 먹게 마련이다. 아무튼, 은퇴 후 둘이서 해결하는 세 끼는 아침과 저녁은 가볍게 먹으려 하고, 점심만은 나름 챙겨 골고루 먹는 것이 대세다. 특히 일주일에 한 끼니 정도 결식을 하니 속도 편안하고 몸도 가벼워 계속 실천하고 있으나 가끔 잊어먹는다.

다행인 것은 70년대 우리 집에 시집와서 홀어머니 돌아가실 때까지 어머니를 모신 관계로 어머니의 음식 만드는 방법이라든지 비결을 체득하게 되어 요즘은 아내가 만든 음식이 거의 엄마 수준이 되어 엄마가 만든 음식인가 할 정도로 음식솜씨가 닮아 참으로 다행이라 생각한다. 게다가 선천적으로 편식을 하지 않는 성격 탓으로 아무것이나 잘 먹는 식성 때문에 그나마 다행인 셈이다. 나의 삶 속에서 세 끼니는 그동안 계산할 수는 없지만 얼마나 많은 끼니를 소비했을까를 생각해보니 참으로 무진장일 거라는 생각에 음식을 그냥 먹지 말고 나름대로 생각하며 씹는 버릇을 이제라도 가져야겠다. 한 톨의 쌀알이 우주 같다는 말처럼 한 알의 쌀알이 얼마나 중요한 것인가? 끼니를 해결하는 것이 나의 삶의 발자국이었다면 끼니를 넘어 끼니를 문화로 변형시키는 또 다른 문화가 행복을 가져다주지 않을까? (2022)

흰 오리가 구조되었단다

꽤-액 꽥 꽥

오리들이 야단들이다. 새벽 5시쯤. 일상이라면 작은 새들의 휘리릭 휘리릭하는 예쁜 소리가 숲속 잠을 깨울 터인데, 오늘은 무슨 일 일까? 예삿일이 아니다. 이번 장마로 흰 오리 한 마리가 호수 끝자락 낙수대(落水臺)에서 2~30m 아래 웅덩이로 떨어지는 사고가 있었다. 산책하는 분들의 빗발치는 구조요청에 공원 관리사무소에서 동물보호단체에 의뢰해 흰 오리를 드디어 구조했단다. 아마도 이 문제 때문에 새벽부터 오리들이 긴급회의? 라도 하려는 것이 아닐까?

여느 때와 같이 산책을 하던 아내가 물웅덩이에서 고개를 날갯죽지에 처박고 홀로 있는 흰 오리를 보고 놀라 어찌하면 좋을까? 궁리 끝에 물웅덩이 근처까지 직접 가봤으나 철조망 때문에 더는 접근할 수 없음을 확인하고 나서는 119에 신고하자고 했고 그 바람에 난생처음으로

119에 구조를 요청하게 되었다. 하지만 119는 사람만 구하고 오리는 구하지 않는다는 담당자의 말에 오리를 구해야 한다는 일념(一念)으로 사정사정하니, 오리 구하러 갔다가 위급한 사람을 구하지 못할 경우도 있을 수 있다며 120에 걸어보란다. 맞는 말이다. 동물보호단체 지역 번호를 알려주어 전화하니 공휴일이라 소통이 잘 안 되어 결국은 공원 관리사무소 직원에게 전화로 구조를 호소한다. 관리직원을 동원해서 오리를 구하면 쉽게 구할 수 있을 거라고 하니 신고자 이름을 대란다. 아마도 오리를 구해 달라는 전화를 수없이 받은 모양이다. 정식 신고자로 이름을 대고 신고를 마친다.

흰 오리가 아무 일 없이 물웅덩이에 을씨년스럽게 홀로 있음에 아내랑 식빵을 가져가 가능한 한 가까이 다가가서 던져준다. 식성이 좋은 편인데 먹지도 않는다. 오가는 산책자들과 함께 걱정만 한다. 저마다 오리를 구해야 한다며 대부분 신고를 했다고 한다. 다음날엔 오리가 정신을 차리고 힘을 냈는지 웅덩이에서 낙수대 밑까지 올라왔다. 던져준 먹이를 주워 먹는다. 힘내라며 소리쳐본다. 낙수대까지 바로 4~5m 높이를 날아오르면 끝날 일인데… 하며 안타까워한다. 역시 집오리는 집오린가보다. 날아오르지 못한다. 아마 날고자 하는 의지가 없는지도 모른다. 아무튼, 반갑다. 살려는 의지를 꺾지 않은 모양이다. 그래, 그래야지 하며 맘속으로 쾌재를 부른다. 구조를 신고했으니 잘 처리되겠지 하며 기대를 저버리지 않는다. 당연하기에 아무런 의심을 하지 않았다.

실은 3년 전 쯤에 호수 인근 아파트주민이 흰 오리 한 쌍을 호수에 방생시켰단다. 야생종 오리만 있던 호수에 흰 오리 한 쌍은 한 폭의 수채화처럼 보기 좋은 그림임이 틀림없다. 누구나 호수하면 그림 동화책에 나오는 호수에 떠다니는 백조를 연상한다. 호수를 산책하는 사람들은 백조는 아니라도 흰 오리를 몹시도 사랑했다. 처음에는 먹이를 던져 주는 사람도 있었고 상당한 적응 기간이 지난 뒤에는 흰 오리 한 쌍이 산책자들에게는 인기모델이 되어 사진 찍히기에 바쁠 정도였다. 그렇게 자리를 잡는가 싶더니…. 그렇게 행복한 시간도 누가 시샘을 했는지 얼마 가지 못했다. 지난 여름 장마에 흰 오리 암컷이 사라지는 사고가 생겼다. 수컷이 한동안 홀로 외로운 삶을 살게 되었다. 흰 오리 암컷을 사다 짝을 맺어주자고도 하는 사람도 있고 흰 오리가 보이지 않으면 궁금해하기도 했다. 한데, 다행으로 호수에 남아 지내는 야생오리와 짝을 이뤄 잘 지내게 되어 모두 환영하면서도 신기하게 생각했다. 오리는 검거나 희거나 상관없이 짝을 이루는구나 싶어 비상한 관심의 대상도 되었다. 흰 오리 수컷은 그렇게 새 삶을 호수 구석구석 잘도 돌아다니며 살았다. 지난 겨울엔 호수 한 모퉁이 물이 얼지 않은 곳에서 겨울을 나느라 힘도 들었겠지만, 용케도 잘 버텨내 봄을 맞아 호수 전역을 누비며 활기찬 모습으로 지냈다. 봄장마에 물이 불어났다. 무슨 운명의 장난으로 흰 오리 암컷이 없어진 것처럼 수컷 흰 오리도 호수 낙수대에서 떨어지는 사고가 났다. 짝이 그리워 그랬을까? 혼자서는 더는 못 살겠다고 생각했나? 아니면, 야생오리와 함께 살아보니 옛날 짝이 더 생각나서 그랬나? 등등 별별 생각을 다 해본다. 야생오리들이야 날아올라오면 되지만 집오리인 흰 오리는 날지 못하니 웅덩이에서 며칠을 홀로 지내게 되어 그를 본 산책자들이 신고하며 어떤 이는 직접 오리를 구하러 물웅덩이 근처에까지 간 사람들도 있었다. 하찮은 동물이라 해도 좋아하는 사람들은 누구나 매한가지인 것을 알게 되었다. 드디어 흰 오리가 구조되었단다. 신고한 사람으로서 확인절차 속에 오리를 구조해 더 좋은 곳으로 보냈다는 관계자의 말에 아뿔싸, 누구나 같은 마음인 줄 알았는데…. 삶의 터전인 호수를 놔두고 어디로 보냈단 말인가? 구조란 이름으로 오리가 살던 곳을 놔두고 타향살이를 하게 만들다니? 차라리 구조를 신고하지 말고 그대로 놔두었으면 나름 오리를 볼 수는 있는 것이 아니었나? 금방 후회가 밀려온다. 이를 어찌한단 말인가? 참 난감하다.

흰 오리가 살아온 호수에 올려 놓아주기만 하면 되는 것을 굳이 더 좋은 곳으로 데려갔다고 하니, 이것은 구조라기보다 낯선 또 다른 시련을 안겨주는 꼴이 되었으니, 오리의 처지에서 보면, 오리의 그간 이야기를 알지 못하고 눈에 보이는 것만으로 집오리가 어찌 자연호수에서 살겠는가? 라는 점에서 생긴 일일 것이고, 아니면 관리사무소에서 공원 관리에 아마도 귀찮은 존재? 로 부각이 된 흰 오리를 차제에 없애버리는 것이 상책이라는 단견(短見)에서 발단된 것이 아닐까? 하는 의구심도 강하다. 겉으로만 보면, 사무적으로 잘 처리된 일이지만, 조금만 깊이 생각해보면 말도 안 되는 기막힌 처사요 탁상행정임이 틀림없다. 문제의 핵심은 호숫물이 넘치는 바람에 낙수대에서 놀다가 미끄러졌으니, 흰 오리를 호수로 되돌려놓기만 하면 되는 것이다. 아주 상식적인 일이다. 다른 오리들과 함께 호수에서 그전처럼 생활하게끔만 해주면 되는 구조인 것이다. 간단하다면 너무도 간단한 것을 왜? 힘 있는 사람들/관리하는 사람들은 복잡하게 만드는지? 모르겠다.

새벽 6시가 넘었는데 오리들의 울음소리만 더욱 거칠어진다. 꽤-액 꽤-액 꽥 (2022)

이름 때문에

    이름은 부르기 좋고 기억하기 좋은 그러면서도 뜻이 좋아야 하지만 무엇보다도 튀지 않아야 하고 성별과 무관한 이름이면 좋은 이름이라 하겠다. 한마디로 상식에 벗어나지만 않으면 문젯거리가 될 리 없다. 그러나 부모님들의 작은 실수로 또는 큰 욕심으로 아니면 무심하게 이름이 지어지면 커가면서 놀림의 대상이 되거나 상처를 받거나 해서 결국은 이름을 다시 짓거나 하는 일이 발생하게 된다. 이름은 그렇게 중요한 것이라서 신경을 많이 쓰게 된다. 하지만 요즘 젊은 세대들은 한글이름으로 개성있는 이름들을 많이 선호하는 경향이 뚜렷하다.

    나의 이름도 예외는 아니어서 가끔 문제를 일으키곤 했다. 임문영이라는 이름은 여자 이름일 때는 나름 예쁘다는 이야기를 듣는다. 하지만 남자 이름일 때는 좀 어색하다든지 어울리지 않는다든지 하는 반응이 나온다. 이름 그 자체가 문제가 아니라 여성스럽다는 이야기이다. 여성스럽다는 이야기는 반대로 남성스럽지않다인데 임문영이란 이름은 임영택과 비교하면 남자답지 못한 느낌을 받는다. 임영택은 나의 족보 이름이다.

　우리 부부는 오랫동안 같은 취미로 그림을 그려왔다. 1991년 첫 부부전(婦夫展)을 갖게 되어 이름을 어떻게 표기하는가를 고민하다가 아내의 이름을 먼저 표기하기로 했다. 당시 나는 대학교수가 된 지 얼마 되지 않아 대학교수가 외도한다는 말을 듣고 싶지 않았기 때문에 아내의 이름을 먼저 표기하고 내 이름은 뒤에 표기해 마지못해 참여한다는 의미를 부여하고자 했다. 따라서 정춘선임문영 부부전(婦夫展)이라고 했다. 아는 분들이야 왜 부인 이름을 먼저 했느냐고 묻지만, 우리 부부를 잘 모르는 분은 정춘선을 나로 알고 임문영을 아내로 알고서 인사를 하는 것이다. 이름으로만 보면 정춘선이 남자 이름이고 임문영은 여자 이름이라고 단정을 해버리는 것이다. 아내와 난 이름 때문에 일어나는 일을 예상하지 못했다가 나중에 알고서 그런 점도 있겠거니 하며 웃어 넘겼다.

　이름은 부르기 좋고 뜻이 좋으면 그것이 최고다. 그렇지만 너무 흔한 이름은 흔해서 좋지 않고 너무 유별나게 튀게 되면 튀어나서 좋지 않다. 이름은 보통 집안 어르신이 지어주는 것이 상례다. (지금은 젊은 부부가 한글 이름으로 부르기 좋고 예쁜 이름들은 스스로 짓는 경우도 많지만…)

그렇다보니 집안에 어르신이 일찍 돌아가셨거나 계시지 않으면 작명가에게 가는 경우가 많다. 우리 세대의 경우엔 김봉수 작명가가 최고였다. 그분은 얼마나 바쁜지 밥 먹을 시간이 없어 바나나로 끼니를 때우며 작명을 기계처럼 하는 것을 직접 목격하고 놀란 적도 있다. 어머니 따라가본 장면이었다. 작명을 저렇게 해서 믿을 수가 있을까 하는 의구심도 들었다. 하지만 달리 방도가 없었다. 우리 집 두 아들 이름도 바로 김봉수 작명가가 지어준 이름이기 때문이다. 그러니 또래 애들의 이름이 비슷비슷하거나 유행을 반영한 경우가 흔했다. 고등학교 때인가 보다. 내 이름도 여자 이름 같다며 불만을 품고 있었는데 어머니께서 어느 날 임재현이란 이름을 지어오셔서 한동안 재현으로 불러야 했다. 재현이란 이름이 나쁘지는 않았다. 하지만 호적까지 바꾸는 적극적인 개명작업이 이뤄지지 않아 하나의 우발 사건으로 끝나버렸다. 지금 생각하니 이것도 운명인가보다. 그래서 그냥 원래 이름으로 지금껏 써오고 있다.

오래된 이야기지만 어제 일어난 이야기처럼 기억하고 있는 내 이름에 관한 이야기 하나. 첫 직장인 알리앙스 프랑세즈에 근무할 때이니 30대였다. 방송국 피디로 일하는 친구가 여성단체 여름 캠프를 맡았다며 함께 가자고 한다. 수영선생이란 타이틀이 싫지는 않았다. 그렇지만 개헤엄밖에 못 하는 내가 수영선생으로 가자니 말도 안 되는 것이다. 그러나 친한 친구 셋에서 일종의 드림팀을 만들려는 참신한 생각에서 총

책임자는 피디인 친구가 맡고 꺽다리 친구가 수영은 잘하니 수영선생을 맡고 난 인공호흡 담당으로 구성해 드디어 몽산포해수욕장 3박 4일간의 여름 캠프에 나섰다. 다행히 인공호흡을 할만한 사건이 터지지 않아 난 무난히 내 임무를 마칠 수 있었다.

여성단체가 주최하는 캠프니 만큼 대부분 여성 참가자지만 남자참가자들도 있었다. 어디에나 예외가 있는 것처럼 캠프참가자 중에 노총각이 짝을 찾을 목적으로 의도성 참가자도 개중엔 있는 법. 바로 모 신문사 기자분이 있었다.

이분이 참가자명단을 보고는 내 이름이 맘에 든다면서 굳이 소개해 달라며 담당 직원에게 졸라대는 바람에 애를 먹고 있는 상황이 벌어졌다. 나를 너무나 잘 아는 그분이 책임자이기 때문이다. 내 이름이 이쁘다면서 굳이 소개해 달란다고 우리 팀한테 이야기하는 바람에 그분만 모르고 대부분 알게 되었다.

하고많은 이름 가운데 굳이 내 이름을 지적해 소개해달라는 부탁에 난색을 한 사람은 바로 나를 잘 아는 주최 측이었다. 유독 털이 많은 나를 골라 소개해 달란다며 웃음을 터트리며 박장대소를 하며 놀려대기도 했다. 이런 상황 속에 우리가 모여 있을 때 마침 그가 나타났다. 때는 이때라고 주최측 선생이 바로 이 털 많은 분이 바로 당신이 찾고 있는 이쁜 이름의 소유자라고 소개를 해버렸으니…. 한바탕 웃음이 터졌고 당황했지만, 그도 또한 웃을 수밖에 없었다. 멋쩍어 한 그와 서로 통성명을 하고는 나머지 캠프 동안 서로 친하게 지냈다. 결국은 헛다리를 짚는 바람에 그는 소문이 퍼져 참한 신붓감을 찾지 못하고 결국은 쓸쓸한 추억만 남게 되었다. 지금 생각해보니, 내 이름 때문에 일어난 일이니, 미안하고 고맙다. 지금쯤 어디서 잘살고 계실까? 만나면 카페라테라도 한 잔 마시며 그때 이야기를 풀어가며 웃어봤으면…. (2022)

아틀리에 꽁트르쁘앵(Atelier Contrepoint)

아틀리에 꽁트르쁘앵, 파리에 있는 이 아틀리에는 세계 각국의 창작 의욕과 재능에 넘치는 작가들의 제작 장소로 개방된 판화 공방이다. 그의 전신은 현대판화의 개혁자로 유명한 스탠리 윌리암 헤이타((Stanley William Hayter)가 파리에 1927년 개설한 아틀리에 17로, 단순한 판화 공방이 아닌 창조적인 제작의 장소로 참신한 새로움과 재능, 또 활기에 가득 찬 공간이다. 그리고 헤이타가 별세한 후로는 그의 유언에 따라 꽁트르쁘앵으로 이름을 바꿔 현재에 이르고 있다.

스탠리 윌리암 헤이타는 1901년 영국 태생으로 아버지는 화가이고 그 또한 예술의 길을 걷게 된다. 1927년 헤이타는 예술의 도시 파리 시내 무칸 벨로 거리 51번지에 그의 최초의 판화제작 아틀리에를 개설한다. 그 후 1933년 파리 14구 깡빠뉴 프르미에르 거리 17번지로 아틀리에를 옮기게 되는데, 이를 계기로 그는 자신의 공방을 아틀리에 17이라 이름 지었다.

이후 여기에서 판화의 기술이나 미디어에 관한 실험, 공동연구, 창작이 의욕적으로 이뤄져 많은 초현실주의자 작가들의 교류 속에서 점차로 훌륭한 작품이 발표되었다. 아틀리에 17는 1930년대의 파리에서 최고의 활동기를 맞게 된다. 아틀리에 17의 이름은 온 세계에 떨쳤고 많은 작가, 문필가, 수집가들이 그의 제작 활동을 견학하려는 방문, 작품구매를 해갔다. 더욱이 수많은 예술가가 그를 찾았다. 그중에도 에른스트, 칼다, 맛송 등이 있었고 그중에서도 가장 큰 만남은 파브르 피카소와의 만남이다. 헤이타로서는 피카소와 교류로 가장 친하게 한 6년간(1934-1939)이 가장 충실한 시기라고 할 수 있다.

1937년에 스페인을 방문, 내란을 직접 목격한 헤이타는 큰 충격을 받았다. 이 충격은 후에 위대한 예술가들과의 2개의 합작으로 이어져간다. 판화집 *Soliodalité*(연대)는 뽈 에듀알의 시와 함께 피카소, 미로, 탕기, 헤이타 등 쟁쟁한 작가들에 의한 엣칭으로 구성된 것으로 1938년에 아틀리에 17에서 출판된 것이다. 다음 1939년 *Fraternité*(박애)란 이름으로 된 판화집이 출간되었다. 이것 역시 칸딘스키, 요셉 헥또, 밀 등 유명한 작가들의 참여로 스테판 스펜더의 영어 번역시 〈어느 멸망〉과 루이 아라공의 프랑스 번역시가 첨가되어 자유를 억압하는 자에 대한 강렬한 저항을 호소하고 있다. 헤이타는 이 두 판화집의 수익금을 스페인의 어린이기금에 보냈다. 여기에는 자신들의 자유를 위해서 필사적으로 싸우는 스페인 시민에 대한 공감, 연대의식이 담겨있다.

이 해 세계는 암흑시대를 맞는다. 제2차대전이 일어났다. 나치 독일 히틀러의 박해를 당한 헤이타는 파리의 아틀리에 17의 문을 닫고 모국인 영국으로 돌아갔다. 그 후 미국 여류조각가 헤렌 피깁스와 결혼, 다음 해 1940년 부인의 고향인 미국으로 건너가 신천지 뉴욕에서 파리에서와 똑같은 아틀리에 17를 개설해 활동을 재개했다. 이 아틀리에는 헤이타처럼 유럽의 전쟁 불꽃을 피해온 에른스트, 달리 등 수많은 재능이 넘치는 망명 중의 초혈실주의자들의 집합소가 되었다. 또 이 시기에 샤갈, 르 꼬르비지에, 마크 로스꼬, 테크닝, 미로, 달리 등 유명한 작가들이 아틀리에 17과 관련이 있었다. 이 무렵 1944년 아틀리에 17의 존재가 미국 사회에 크게 주목받는 일이 생겼다. 뉴욕 현대 미술관에서 기획한 아틀리에 17 전람회가 큰 반향을 불러 일으켜 대성공을 이룬다. 이후 2년간 미국의 주요미술관을 순회한 이 전시회는 판화라는 표현방법의 높은 예술성을 전 미국에 보여주었다. 그리고 헤이타의 이론과 기법은 아틀리에 17에서 일하는 헤이타의 많은 영향을 받은 미국 작가 잭슨 불록 등에 의해 전후의 미국 현대 미술의 전개로서 미국판화계에 결정적인 영향을 주었다.

2차대전이 끝난 1950년 헤이타는 뉴욕을 떠나 다시 파리로 돌아와 활동을 개시, 아틀리에 17를 다시 열었고 그의 문하에는 세계에서 젊은 예술가들이 몰려들었다. 그의 이념과 기법은 세계적인 규모로 발전해 나갔다.

    1988년 헤이타는 세상을 떠났다. 그의 유언에 따라 아틀리에 17은 아틀리에 꽁트르쁘앵이라 이름을 바꾸었지만, 이는 헤이타의 조형 이론에서 붙여진 것이다. 그리고 그의 정신은 그의 조수였고 가장 좋은 이해자였던 헥토르 쇼니에를 리더로 하여 전통을 이어가고 있다. 지금도 파리의 아틀리에 꽁트르쁘앵에서는 새로운 현대예술이 계속 태어나고 있다.
    내가 아틀리에 꽁트르쁘앵 문을 두드린 것은 1996년 파리대학교 교환교수로 있을 때였다. 아주 우연한 기회에 파리에 거주하고 있는 한 묵 화백과 함께 오페라좌 앞에 있는 카페에서 환담하고 있을 때 아주 우연히 판화 이야기가 나왔고 난 판화를 배우고 싶다고 했다. 한 묵 화백은 내 손을 만져보시더니 판화를 잘하게 생겼다면서 아틀리에 꽁트르쁘앵의 리더인 헥토르 쇼미에에게 전화를 걸어 추천해 주었다. 이것이 계기가 되어 난 헥토르 쇼미에의 지도를 받았고 그를 바탕으로 6개월 동안 대소작품 20여 점을 프린트할 수 있었다. 이 작품이 귀국해서는 아내의 꽃 그림과 함께 부부전을 하게 된 계기가 되었고 끝내는 은퇴할 때에 판화전시회를 열어 그 수익금을 학교 발전기금으로 기부할 수 있었다.
    세계적인 판화 공방에서 헤이타의 후계자인 헥토르에게 사사를 받고 함께 6개월간 그의 아틀리에 꽁트르쁘앵에서 생활했다는 것이 지금으로서는 꿈만 같은 일이라 생각된다. 더욱이 헤이타의 다색판화를 귀국 후에 자세히 알게 된 후로는 더욱더 값진 경험을 한 나를 되돌아보는 계기를 가져본다.

일판다색쇄(一版多色刷)는 판 하나로 여러 색을 동시에 내는 인쇄로 아틀리에 꽁트르쁘앵에서 배운 판화기법으로 너무도 신기해 한동안 난 판화가로 직업을 바꿀까 하는 생각도 가져봤다. 첫 작품을 찍고 나서 공방식구들 모두 나의 첫 작품을 축하해주려고 바로 옆 카페에 모두 모여 드미(생맥주) 한 잔씩을 들고 축하해주는 그들의 밝은 웃음소리가 들려오는 듯하다. 참 좋은 시절이었다. 그 때 작업했던 장미꽃 동판을 지금도 가지고 있다. (2023)

* 2023년 파리에 한달간 체류할 때 아틀리에 꽁뜨르쁘앵의 책임자인 헥토르를 만나 차를 마시며 옛이야기를 나누었다. 한때 그와 함께 해인사 예불을 참여한 좋은 추억과 함께 계명대 미대학생들에게 다색판화기법을 프리젠테이션 기회도 마련해 주었다. 지금은 건강이 좋지않아 그와 오래동안 이야기를 하지 못하고 아쉬움만 남기고 추억을 되씹어본다. 자연은 그대로 인데 인걸은 서서히 사라지나보다. 하지만 그가 남긴 작품은 영원하리라. 인생을 짧고 예술은 길다. 헥토르는 2024년 2월 25일 운명했다. 고인의 명복을 빕니다.

인문다회(人文茶會)가 살아있다

1. 블라맹크 전시 관람 (2017.6.28)

서초복지관 4인 4색 특강 〈인생은 문화다〉를 재능기부형식으로 강의 봉사를 해오고 있는데, 마지막 강의 날, 한 달에 한 번 문화가 있는 날에 모이자는 제안에 공감하고 서명? 을 한다. 따라서 내 강의를 들었던 분들이 인문다회라는 이름의 밴드를 만들어 초대해 오늘 첫 모임을 한다. 예술의 전당에서 프랑스 야수파 화가 블라맹크 전시를 감상하고자 모였다. 10시 50분에 11분이 모인다. 전시장에 들어가기 전, 단체 사진을 찍는다. 그리고 도슨트(전문 안내원)가 없기에 한쪽 모퉁이에 모여앉아 블라맹크에 관한 기초지식을 마련한 자료를 가지고 간단히 설명한다. 그리고 11시 50분까지 각자 그림 감상을 하고 다시 만나기로 한다.

사진을 찍지 못하게 하고 도슨트가 없어 아쉽지만, 전시를 본 경험이 많은 회원들이기에 나름으로 그림을 자기 스타일대로 감상한다. 우선 작품 수가 많아 감탄하고 생각보다 그림들이 좋다는 생각이 든다. 반

고흐의 영향을 받은 그림에서부터 세잔 스타일의 그림들이 마치 세잔의 그림들을 보는듯하다. 만년에 그린 그림들은 눈시울이 날 지경으로 차분하고 고독을 느낄 수 있는 그림들이 많다. 더구나 개인적으로는 색채가 화려한 꽃 그림들이 많아 좋았다. 결국은 화집을 사서 꽃 그림을 좋아하는 아내에게 보여주어야겠다는 생각이 절로 나서 화집을 산다. 김○환님이 그림에 감동하고 유○희님이 역시 감동해 자기 스타일의 그림을 구상하는 데 결정적인 역할을 하게 된듯하다. 이 두 분도 나와 함께 화집을 사는 열의를 보인다. 다른 분들도 그림이 좋다며 이구동성으로 잘 왔다는 말을 한다. 그림을 전공한 최○숙님은 플라맹크의 판화가 너무 좋아서 만나는 시간도 잊으며 판화감상을 한다. 플라맹크 전시를 선택한 것은 잘한 선택이었다.

블라맹크는 화가로서는 드물게 성공한듯싶다. 개인전을 많이 열었다는 점은 그만큼 그림이 팔렸다는 의미이고 그림 주문도 많았나 보다. 결혼도 두 번 했으니 성공한 뒤 재혼했으리라는 추측도 한다. 17세에 그림을 시작하고 50이 되어 노르망디/브르따뉘 지방으로 이사할 정도로 여유? 가 있지 않았나 싶다. 아무튼, 색깔의 화려함과 자유분방한 스타일에 세잔식의 그림들은 인기를 끌었을 성싶다. 그림이 보기에 편안하고 뭔가를 느낄 수 있어 좋았다.

오늘 점심은 내가 사기로 약속했으므로 예술의 전당 구내식당에서 모두 함께 모여 먹는다. 돈가스를 시켜 맛있게 먹으며 환담하며 즐거운 시간을 오랫동안 놀다가 헤어진다.

문화가 있는 날에 전시를 함께 보며 교유할 수 있는 장을 마련해주어 노년의 외로움이나 쓸쓸함을 조금이나마 잊을 기회를 마련해 주고 싶은 마음이 든다. 더욱이 복지관이란 좁은 공간에서 벗어나 동호회 같은 성격의 공간으로의 해방감 같은 기분인 것이다. 혼자 전시를 보러 가지지 않는 실정에다가 혼자 움직이기를 조금은 꺼리는 노년의 마음이 문화가 있는 날에 함께 할 수 있어 다행인 것이다. 특강을 들은 노학생들이기에 한 달에 한 번이라도 함께 전시를 보는 멋과 점심을 함께 먹는 맛을 함께 추구하는 작은 모임으로 오래 가면 좋겠다. 오늘 첫 모임은 나름 즐겁게 마칠 수 있어 좋았다. 다음 7월 모임을 기대하며 자리를 어렵게 뜬다.

2. 알렉산더대왕이 만난 붓다 전시 관람 (2017.7.26)

두 번째 인문다회 모임. 예술의 전당 서예관에서 열리는 간다라 미술전이다. 폭염경보가 내려진 무더운 날, 몇 명이나 참석할까? 자발적으로 모이는 것이기에 큰 기대는 하지 않았지만 모두 15명이나 모였다. 전시를 관람하기 전 음악당 감나무 아래에 모여앉아 사전 지식으로 간다라 예술에 관하여 짧게 설명한다. 며칠 전 궁금해서 미리 전시를 관람한 것을 바탕으로 그리고 조사한 자료를 정리한 것을 바탕으로 설명한다. 산들바람이 불어 젖히니 기분이 더 좋아진다. 음악분수까지 가동하니 더더욱 좋아진다.

간다라는 파키스탄 서북부와 아프가니스탄 동북부 일부의 고대 지명을 뜻한다. 그리스문화와 동양문화가 융합된 헬레니즘 시대를 열고 더 나아가 동서문화의 교류와 융합으로 이루어진 새로운 예술 양식의 간다라 미술을 탄생시켰다. 당시 서양 기법이 동양사상을 만나 최초의 불상이 탄생하여 중국, 한국, 일본에 까지 영향을 미쳤다.

지금까지는 주로 그림전시를 관람한 경험과는 조금 다른 장르인 간다라 미술전은 조금은 문명사적인 의미와 불교 및 불상 탄생의 발자국을 알렉산더대왕의 동방정책과 맞물려 찾아가는 전시이다. 불교 신자는 몇 명뿐인데도 나름 호기심과 관심을 가지고 전시된 조각상 그리고 자료들을 꼼꼼히 관람하는 태도가 진지하기까지 하다. 더욱이 전시된 알렉산더대왕의 문구가 마음에 와닿은 듯하다. '힘으로 땅을 지배할 수 있지만, 문화는 정신을 지배할 수 있다. 정신은 모든 것이다. 그들을 온전히 수용하고 우리를 온전히 전파하자. 문화로써 하나가 되는 것이 진정 함께 하는 것이다. 세상에 존재하는 모든 것. 이것이 있으면 저것이 있고, 이것이 생기면 저것이 생기고 이것이 없으면 저것이 없고 이것이 없어지면 저것이 없어진다. 모든 존재하는 것은 만물과 조화로운 것이다. **(此有故彼有 此生故彼生 此無故彼無 此滅故彼滅** (잠아함경 제30권))

감상시간이 예상보다 긴 1시간 30분이나 되었다. 12시 30분에 감나무 아래에서 다시 모이기로 한다. 모두 마음으로 관람한 것 같다. 그래서인지 불볕더위에도 마음들이 넉넉하다. 오늘 점심은 구내식당에서 하기로 했는데 민○자 회원이 좋은 기회를 주셔서 감사한 마음으로 한턱 낸단다. 모두 박수로 대환영한다. 맛있는 미역국에다 잡채 그리고 자작 비빔밥까지 해 먹으니 맛이 더 난다. 그리고서도 한참을 앉아 준비해온 자두며 과자 그리고 커피까지 마시며 담소하며 한참을 그렇게 시간을 보낸다.

3. 영국 테이트 미술관 소장품 전시 관람 (2017.8.30)

모두 13명이 모였다. 1명은 전시회만 보고 가고 나머지는 끝까지 함께한다. 오늘 모임은 올림픽공원 내 소마미술관이다. 영국 데이트 국립미술관 소장품 가운데 로댕의 걸작인 키스를 비롯해 122점의 나체화가 전시되고 있다. 소마미술관은 아직도 리모델링 중인데도 전시회는 나름대로 인기가 있어 아침부터 사람들이 모여든다. 대부분 여성분이고 부부도 눈에 띈다.

10시 30분에 호숫가에 모여 조각에 관련된 대략적인 기본상식을 준비해온 프린트물을 나눠주고 설명하고 도슨트 설명도 듣고 충분히 감상할 시간을 주고 13시 30분 호숫가에 다시 모이기로 한다. 도슨트 설명은 너무 많은 관람객으로 인해 설명을 듣기가 불편했다. 하지만 나체화는 설명이 그리 필요하지 않은 경우도 많아 감상하는 데에는 큰 불편이 없다. 저마다 나름으로 좋아하는 그림들을 보고 그리고 또다시 보고…. 그림들을 좋아하기에 열심히 그림들을 감상한다. 신화를 주제로 그린 프시케의 목욕하는 아름다운 나체화에서부터 육체의 치부를 드러낸 나체화, 성교장면까지 그린 그림들은 모두 입을 다물고 이야기를 하지 않고 눈으로만 본다. 루시안 프로이트가 육체를 통해 삶이 두드러진다고 말한 것에 감동한다. 아무튼, 앙리 마티스나 피카소의 나체화는 눈을 떼지 못하게 만든다. 이탈리아 딸네 집에 다녀온 최○숙씨가 로댕의 키스 아트상품을 하나 선물해준다. 여행 다녀온 선물인 모양이다. 마음이 그림이다. 난 감사히 받는다. 인문다회는 안○영/최○숙 부부가 있어 더욱 빛이 난다. 고마운 분들이다. 여행 다녀온 뒤 피곤하지만, 오늘 모임에 참여해 여간 고마운 일이 아니다.

그림 감상을 마치고 장○자씨가 점심을 한턱낸다고 해서 올림픽공원 안에 있는 계절밥상에서 점심을 먹기로 한다. 개인 부담이 될 것 같아 김○환씨와 함께 점심을 내기로 즉석에서 합의를 본다. 기다리는 손님들이 많아 우린 한 시간 뒤로 예약을 해놓고 한 시간 동안 몽촌토성 둘레길을 걷기로 한다. 모두 한마음이 되어 둘레길의 아름다움에 매료된다. 시원하게 뻗어있는 둘레길은 도시민들에게 인기 있는 산책길인 것이다. 어르신들이라 한 시간 정도만 걷는다. 산책까지 하니 기분이 좋은가보다. 산책하고 대화하고 나름의 멋을 발휘한 셈이다. 우리 팀 12명이 들어갈 수 있는 방을 마련해 주어 점심을 취향대로 맛있게 먹으며 대화하고 여행담을 들으며 저마다 맛과 멋있는 만남을 실천하고 있다. 늦은 점심이라 더욱 맛있게 먹는다. 편안한 자리에서 맘껏 음식을 먹으며 거의 4시까지 이야기꽃을 피우며 재미있는 시간을 보낸다.

다음 9월 모임을 기대하며 일상으로 돌아갈 시간이다. 두 사람만이 더 머물다 간다며 공원에 남고 나머지는 지하철 타고 각기 집으로 간다. 아마도 오늘도 행복한 하루라는 느낌이 들었으리라 확신한다. 인문다회의 모임 목적은 문화를 통해 삶을 더욱 풍요롭게 하자는 취지이니 오늘은 취지에 맞는 그런 날인 셈이다. 모두 행복하니 나 또한 행복하다. (2022)

콧수염

신학기 강의가 시작되었다. 그날도 터미널에서 대구행 버스에 몸을 실었다. 두 명의 경찰이 차 안으로 들어왔다. 그들은 내게로 다가왔다.

"신분증 좀 봅시다."

말없이 교수신분증을 내밀었다.

"아, 네, 감사합니다" 경례를 하고 가버린다. 무슨 사건만 터지면 내 소중한 마스코트이자 심볼인 콧수염이 타켓(*target*)이 되는 것이다. 같은 장소에서 두 번씩이나 신분증 제시를 요구당하기도 했다. 가짜 콧수염 달고 홍콩으로 도주한 이수근 간첩 사건과 정수일 교수 간첩 사건 때는 콧수염을 아예 밀어 버리고 싶었다. 그 정도로 귀찮은 일들이 많았다. 심지어 빈 택시도 콧수염을 보고는 그냥 가버렸다. 서글픈 일이다. 그런데도 콧수염은 건재했다.

반면 콧수염으로 인해 덕을 본 적도 있다. 그날은, 동료 교수들과 해

인사 근처 식당에서 모임이 끝나고 학교로 되돌아가는 길이었다. 뻥 뚫린 88고속도로, 핸들을 잡은 젊은 교수는 신나게 페달을 밟았다. 순찰 백차가 떴다. 딱지를 떼게 생겼다. 순간, 젊은 교수는 재빨리 머리를 굴려 과속한 이유를 그럴싸하게 둘러댔다. 뒷좌석에 앉아있던 콧수염 교수가 별안간, 도쿄의 '하야시 초빙 교수'로 둔갑하였다.

"수고하십니다. 세미나참석차 왔다가 해인사를 보시고 대구공항으로 모시는 중입니다. 비행기 시간이 임박해 어쩔 수 없이, 알면서도 과속운전을 했습니다."

운전했던 교수는 죄송하다고 공손히 조아렸다. 단속 경찰은 뒷좌석 콧수염 교수를 향해 목례를 하고 안전하게 모시라며 통과시켜 주었다. 우리 일행은 돌아오는 차 안에서 얼마나 웃었는지 지금도 그때를 생각하면 절로 웃음이 나온다. 이만하면 수훈의 공로자는 콧수염이 아닌가.

콧수염과 인연을 맺게 된 것은 우연한 계기였다. 유학 시절, 산적한 자료를 정리하며 논문 쓰기에 바빠서 면도할 시간조차 아까웠다. 자연히 털보가 되었다. 유난히 털이 많았기에 보름 정도 면도하지 않으면 얼굴이 달라 보이고, 한 달 정도 손질 안 하면 전혀 다른 사람이 되었다. 진정 파리의 자연인이다.

대학에서 후학을 양성하며, 학생들에게 적잖은 관심의 대상도 콧수염이었다. 콧수염은 용기도 필요하지만, 우선 풍성한 털이 관건이다. 교수는 학생들의 평판에 민감하다. 코미디언을 닮았다, 어느 유명인사를 닮았다, 있어 보인다, 그런대로 괜찮다 싶어, 콧수염을 더 소중히 여기고 있다. 내 얼굴에는 내 얼굴이 없다. 특징이 있으면서 특징이 없는 것이다. 인사동 지인의 미술 전시회에서 만난 몽골 청년은, 나를 보자 화들짝 동공이 왕사탕처럼 변하며 반가워했다. 고향 몽골에 계신 형님이 오신 줄 착각했다면서 자기 형님과 콧수염까지 똑 닮았다고 했다. 고향에 보낸다며 여러 장 함께 사진을 찍어 갔다. 일본 가면 일본인 닮았다 하고 중국 가면 중국인 닮았다고 한다. 내 얼굴은 글로벌 페이스이니 과연 국제학 교수 답지 아니한가?

교양과목인 문화 인류학을 강의할 때다. 콧수염에 관해 토론을 하게 되었다. 콧수염에 대한 부정적 편견과 긍정은 반반이었으나 긍정의 요인들이 우세였다. 우선, 미세 먼지를 걸러주어 호흡기 질환에 도움이 된다. 무게가 있고 예술적이다. 멋있다. 특화된 개성이다. 상징성이 강하다. 무엇보다 기분 좋은 것은 잘 어울린다는 말이었다. 그렇게 잘 어울린다는 콧수염이 수난을 당한 일이 있다.

유학을 마치고 귀국했을 때였다. 눈, 코, 입만 보이는 털북숭이를 바라보는 아내의 놀란 모습이 아직도 생생하다. 반가운 해후는 잠시, 아내는 다짜고짜 이용원에 다녀오라고 했다. 서운했지만 못 들은 척, 쓰러져 잠이 들었다. 아내는 곤히 잠든 '태초의 원시인' 몰골의 남편을 물끄러미 바라보며 고개를 저었다. 여장군처럼 커다란 재단 가위를 들고 나왔다. 울퉁불퉁한 톱니바퀴가 콧수염 인중 골짜기를 빠져나와, 턱수염 언덕을 지나, 구레나룻 절벽을 타고 오르며 온통 터럭 숲을 누볐다. 잠에서 깨어 아연실색하던 그 날 이후 콧수염만 보존하게 되었다. 숨 막히는 불볕더위가 계속되던 여름날, 아내는 내 콧수염을 보면 더 덥다고 익살스러운 엄살을 피웠다. 죽은 자의 소원도 들어준다는데 하물며, 사랑하는 아내가 아닌가. 나 역시 더웠다. 깨끗이 밀고 보니 갑자기 초가을처럼 인중이 허전하고 서늘했다. 며칠 지나니 또다시 울창해졌다. 지인이 하는 말, 수염을 뗐다 붙였다 하십니까? '며칠 전에 말끔했는데….' 더부룩한 콧수염을 보며 한 말이다.

"네, 리모델링 중입니다."

교수회의가 끝나고 동료들은 '할매 국시' 집에서 맛좋은 국시로 시장한 배를 채웠다. 앞사람은 뒷사람이 내겠거니, 뒷사람은 앞사람이 냈으려니, 당당하게 학교로 돌아왔다. 며칠 후 친구와 국시 집을 찾았다. 할매는 그날따라 반색했다. 이름도 성도 모르고 얼굴만 아는 단골손님이었는데, 그날 바쁜 틈에 계산을 놓친 할매는 콧수염만은 정확히 기억한다고 했다. 옴팡 비상금을 날렸다. 뜬금없는 외상값, 운명의 슬픈 콧수염! 그러나 장하다. 동료들의 허기를 채웠나니….

서초동에서 광교 호수마을로 이사를 왔다. 콧수염도 위력을 다했으니 이젠 점잖게 콧수염의 노년을 지내기 위해서이다. 아내가 이삿짐 정리를 하다가 우연히 발견했다며 무슨 보물이라도 되는 것처럼 꼭꼭 싸인 물건을 내놓는다. 아불싸! 40여 년 전에 문제의 그 깎인 내 수염이 까맣게 윤이 나 있는 상태로 있는 것이 아닌가? 우리 둘은 한주먹의 털을 보고 있다. 그때 수염이 잘려 힘을 못 쓰나 보네 하며 빙그레 웃는다.

콧수염이 주는 일화는 많은 추억을 안겨 주었다. 애지중지 소중하고 사랑스러운 콧수염. 임문영의 상징으로 잘 관리하리라. 여학생들이 콧수염의 진짜와 가짜를 다투다 확인하러 찾아왔던 그 콧수염. 오늘도 갖가지 일화 속에 잠겨 바라보는 즐거움 또한 비할 바 없다. (2020)

틱낫한의 입적

　사람은 살다가 결국 죽는다. 살다가 죽을 때 구름처럼 왔다가 바람처럼 가면 고만인 것이다. 대부분 그렇게 구름처럼 살다가 바람처럼 사라지는 것이리라. 하지만 베트남 출신인 세계적인 명상가이며 스님이고 학자이고 시인이고 평화운동가인 틱낫한의 죽음은 그를 아는 사람들 모두 그의 명복을 빌며 그의 온화한 미소와 마음을 챙기고 있을 것이다. 2022년 1월 22일 베트남 후에의 두 하에두 사찰에서 입적하셨다. 프랑스 보르도 자두 마을에서 2014년 뇌졸중으로 쓰러진 뒤 의식을 되찾아 재활 중, 2018년 베트남으로 영구귀국했었다.

　그는 16살에 출가해 당시 프랑스점령하에 있던 베트남의 실정을 몹시도 가슴 아파했고 그가 머무는 절에까지 프랑스 군인들이 들이닥쳐 식량을 빼앗아가는 모습을 보고 그들을 몹시 증오했단다. 그런 그가 1960년 미국 순회공연하면서 참여 불교의 역할을 강조하고 반전 평화를 호소하는 과정에서 베트남 정부가 귀국을 불허함에 따라 프랑스로 망명해 베트남 사람들을 돌보는 일에 적극적으로 참여했다. 공동체가 커짐에 따라 프랑스 보르도지방에 자두 마을을 형성해 종교적 색채가 없는 누구나 고통받는 자들을 다 받아들이며 고통을 회피하지 말고 고통의 원인을 직시하고 이해하는 게 수행이라며 고통을 통해 이해와 자비를 가질 수 있고 이해와 소통을 통해 평화를 이룰 수 있다고 했다. 자두 마을을 중심으로 걷기 명상과 수행을 통해 많은 사람을 위한 행복 찾기에 커다란 도움을 주었고 지금도 주고 있는 자두 마을에 2014년 나는 호기심을 잔뜩 갖고 찾아 나섰다.

프랑코폰(*Francophone*/불어사용권) 참가자들을 위한 명상수행에 등록해 7박 8일간 직접 명상수행 체험을 했다. 당시 등록한 수행참가자 수는 8백여 명이었으며 7박 8일간 수행하는 과정에서 틱낫한 스님의 법회가 3회 있었다.

윗마을 사무실에 이메일로 등록절차에 따라 예약을 하고 방을 선택해 380유로를 지급했다. 프랑스에서 체류 중이던 난 파리에서 보르도까지 기차로 가서 호텔에서 하룻밤 자고 다음 날 기차로 생프와라그랑드역에 내리니 승용차(이용할 때 20유로)가 나와 있었다. 윗마을에 도착해 배정받은 방에 여장을 풀고 첫날은 휴식을 취한다. 둘째 날부터의 일정을 보면, 5시에 기상, 6시에 좌선과 걷기 그리고 아침 운동, 7시에 아침 식사, 9시 다르마(지도자) 시간, 팀 모임, 소개/발표, 11시 30분 걷기 명상, 12시 점심, 1시 30분 휴식, 3시 일하기 명상, 5시 30분 좌선, 6시 30분 저녁, 8시 행복 만남, 10시 고귀한 침묵, 11시 30분 취침으로 짜여있다. 수행 일정 중 목요일을 게으름 피우는 날로 정해 하루를 진정한 자유를 맛보게 하는 지혜를 보인다.

수행체험으론 호흡법(날숨과 들숨), 걷기 명상(호흡하며 걷기, 천천히 걷기), 마음챙김수행(종소리 20분마다 모든 수행행위 정지), 걷기 명상과 좌선, 고귀한 침묵(식사 중 침묵), 5계명(삶의 존중, 진정한 행복, 진정한 사랑, 소통과 경청, 영양과 자유), 행복(거기 있을 땐 모르고 잃어버렸을 때 아는 것) 등.

틱낫한 스님의 법론은 3번 있었다. 수행자 전원이 참가하는 법론은 엄숙한 의식과 같았다. 첼로독주로 시작해 합창으로 마음을 가라앉히고 커다란 종소리로 엄숙하게 시작한다.

주요 내용은 씨앗(부정 씨앗)에 물 주기를 말아야 한다. 잠자게 해야 한다. 만일 부정적인 씨앗(화)이 나타나면 원래 자리로 가도록 해야 한다. 마음 챙김으로 제자리로 보내야 한다. CD 음악 바꾸기처럼 듣고 싶은 음악으로 빨리 바뀌어야 한다. 당신의 사랑은 당신이 키우지 않으면 안 된다. 원인을 알면 끊어버려라. 아무튼, 성장하기 위해선 고통도 약이 된다. 진흙 없이 연꽃 없다는 이치와 같다. 기쁨이 계속 머물게 하라. 실제는 존재와 비존재를 초월한다. 아들을 들여다보면 어머니가 있다. 아들의 고통을 바라보는 아버지의 고통이고 어머니의 고통이다. 따라서 같음과 다름이 없음이다. 통찰은 완벽한 지혜다. 꽃은 여러 가지 조건이 맞아야 핀다. 마찬가지로 울화가 터진다면 마음 한구석에 화라는 씨앗이 있는데 이 씨앗이 꽃피우지 않도록 마음 수행 챙김을 통해서 수행자는 화를 안 나게 하는 방법을 알아야 한다. 제행무상이라고 영원한 것은 없고 언제나 변하는 것, 수행을 통해서 마음 챙김으로 힘을 얻을 수 있다. 참살이(*Well-being*)의 길은 몸과 마음의 수행을 통해서 마음 챙김으로 힘을 얻을 수 있다. 수행방법으로는 들숨과 날숨으로 마음 가다듬을 통해 긴장을 풀어가는 것이다. 고통 감정을 알아차려 마음 챙김 에너지를 함양해 긴장을 풀어가는 것이다. 일빙(*ill-being*)에 이르는 길(고통)에 접촉하고 그 목록을 들여다보아 뿌리를 찾아내 끊어버리면 참살이가 시작된다. 자비와 용서 그리고 사랑, 소통으로 끌어안을 때 삶이 가벼워진다.

명상수행의 마지막 날은 틱낫한의 가르침에 따라 새 사람/새 생활을 다짐하는 특별한 날이다. 5계명(삶의 존중, 진정한 행복, 진정한 사랑, 소통과 경청, 영양과 치유)에 따라 살겠다고 표명한 사람들이 앉아있고 양옆으로 참가자들이 앉아있다. 스님이 계명을 하나 읽으면 실천을 다짐

한 사람들이 절을 한다. 계명마다 읽고 절하고 다섯 번 반복한다. 의식 절차가 모두 끝나면 각 팀 인도자가 증명서를 건네준다. 모두 축하한다. 새로운 삶을 다짐하는 사람들은 5계명에 따라 삶의 파괴로 인해 야기되는 고통을 인식하고 삶을 존중하는 태도로 살며 진정한 행복을 위해 사회적 불평등, 억압, 절도행위, 탈취 등을 하지 않기로 약속하고 진전한 성생활을 통해 진정한 사랑을 추구하고 소통과 경청을 생활화하고 나아가 영양과 치유를 위해 마음을 바르게 가지고 바른 일상생활을 할 것을 약속했다.

브르타뉴에서 온 할머니도 증명서를 받으셨다. 나보고 동참했느냐고 물어서 난 가톨릭 신자라고 하니 자기도 마찬가지라며 하지만 자기는 불교-가톨릭 신자라고 한다. 난 순간 뭔가 이런 거야 하는 생각이 들었다. 편협하지 않고 사랑을 최선으로 행동하는 그것이야말로 종교의 길이 아닌가 하는 생각 말이다.

틱낫한이 언급한 대로, 예수와 붓다는 한 형제라고 한 것과 같이, 말로만 하고 행동하지 않는 것보다 행동으로 실천하는 이들이 다시 보였다. 이들이 틱낫한의 철학/불교사상에 매료된 이유는 무엇일까? 조금은 알 것 같다. 틱낫한과의 대화 속에 이들의 가정, 애정, 가족, 부부 등 지금의 문제들에 관심을 두고 이를 해결하고 실천하는 운동이기도 하니,

공감이 가는 바가 많을 수밖에 없다. 생활 속에서 틱낫한이 살아있음이라. 자두 마을의 수행 기간 중 틱낫한과 맞닥뜨린 기회에 한국에서 왔다고 하니 반가워하시는 모습과 함께 그의 생활철학이 내 머릿속에 오래 남아 있다. 오늘 그의 입적 사실을 접하고 삼가 그의 명복을 빈다. 그는 태어나고 죽는 그것을 숨바꼭질 놀이 같다고 했다. 잘 가라고 하면 항상 다시 만나고 삶의 수많은 길에서 항상 다시 만나게 되는 것이란 말을 남겼단다. 다시 삼가고인의명복을빕니다. (2022)

산티아고 순례길을 걷다

　정년퇴임이 가까워질 무렵, 일간신문에서 우연히 산티아고 순례길에 관한 기사를 읽었다. 순간 머리에 스치는 한 줄기 빛이 결국은 이 길을 걷도록 만들었다. 당장은 막연한 생각뿐이다. 드디어 정년퇴임식이 있는 날, 나는 학생들과 동료 교수들 앞에서 정년 후에 하고 싶은 두 가지를 언급했다: 인도여행과 산티아고 순례길. 이에 대해서, 젊은 총장 자신도 언젠가 산티아고 순례길을 걷고 싶다고 맞장구를 쳤다. (퇴임식에 참석한 아내는 산티아고가 어떤 곳인지도 모르고 남편이 하고 싶다고 하니 함께하면 되지 않겠는가? 하는 생각을 했던 모양이다) 그렇게 해서 인도여행과 산티아고 순례길은 정년퇴임 후, 내가 하고 싶은 버킷리스트 최우선순위에 오르게 되었다.

　첫째, 인도여행은 예술의 전당 특강프로그램에 마침 〈인도문화와 역사〉라는 강좌가 개설되어 아내와 함께 12주 동안 강의를 듣고 인도 답사 여행으로 인도를 11박 12일간 여행했다. 뉴델리를 포함해 중부 인도 지방을 중심으로 불교와 힌두교 발상지 유적을 돌아보고 바라나시와 아그라 요새 등지를 답사 여행형식으로 뜻깊은 여행을 하게 되어 매우 흡족했다.

둘째, 산티아고 순례길 걷기는 우선 책자를 사서 정보를 입수하고 실제로 산티아고 순례길을 걸었던 분들이 주축이 되어 새로 산티아고 순례길을 걷고 싶은 분들을 위한 강좌를 부지런히 쫓아다녔다. 다행히 김효선 산티아고 전도사를 만나 산티아고 순례길을 걷는데 유용한 지식을 얻을 수 있었고 함께 배낭을 매고 반포에서 잠실까지 실제로 함께 걸어가며 주의할 점 등을 일러주어 자신감을 갖게 되었고 실행에 옮길 수 있도록 모든 것을 도와주었다. 당시로써는 우리 부부가 제일 나이가 많은 도전자였기 때문이었다. 혼자 걷는 것이 아니라 아내와 함께 걷는 것이니 한편 안심되면서도 다른 한편 걱정도 함께 했다. 하지만 용기와 자신감을 가질 수 있어 드디어 2008년 4월 산티아고 순례길 800㎞에 도전장을 내고 특히 프랑스 길을 걷기로 하고 파리로 떠났다. 유학 시절의 파리를 며칠이나마 다시 추억을 음미하고는 아내를 위한 가톨릭 성지인 루르드 성지로 간다. 아내는 가톨릭 신자였다. 함께 루르드 성지순례를 하고 기차를 타고 산티아고 프랑스길 출발지점인 생장피에드포행 기차를 탔다. 기차안에서 우연히 한국인 부부를 만나 함께 가기로 한다. 그들은 한국외방선교회 소속 후원자들로 산티아고 순례길을 중간까지만 걷는단다. 피부과 의사인데 거주지가 우리 집 근처여서 동네 분을 만난 셈이었다. 반가웠다. 사무실에 들러 등록하고서 산티아고순례길 여권(숙소마다 스탬프를 찍어 최종착지 사무실에 제출하면 산티아고 순례길 완주 증명서)을 받는다. 이렇게 동네 분을 외지에서 만나 반가웠지만, 그들과 우리의 걷기계획이나 기간이 달라 그들은 먼저 떠났고 우린 피레네산맥 기슭에서 하룻밤을 지내며 다음날 여력을 모아 피레네산맥을 걸어서 넘기로 했다. 마음은 상쾌했지만 12킬로 무게의 배낭을 각자 짊어지고 넘어야 하니 몸이 힘들었다. 그렇게 피레네를 넘어 군대 숙소 같은 공동숙소에서 하룻밤을 남녀노소 할것 없이 모두 다 함께 코를 골며 잠을 잔다. 자기 전에 가만히 누워 생각해보니 세계 곳곳에서 저마다의 이유와 나름의 바램으로 이 길을 걷고자 하는데 나는 과연 이 길을 왜 걷고자 하는 것인지? 과연 아내와 함께 800㎞를 끝까지 걸을 수 있을는지? 등등 여러 생각이 겹쳐 질문하고 응답하며 잠을 내몰고 있다. 유럽학과 교수로서 산티아고 순례길을 정년 퇴임하기까지 전연 알지 못한 것에 대한 놀라움, 이미 알았어야 한다는 어떤 후회스러움, 알아야 할 사실을 알지 못한 한스러움, 게다가 이 길이 꼭 신자들만이 걷는 길이 아님을 알고서 나같은 비신자도 유럽의 역사현장을 답사하는 차원에서 걸을 수 있다는 사실에서도 걷는 것이 뜻깊다는 생각. 아내는 가톨릭 신자이니 당연히 미사 참여하면서 순례길을 걷는 신자로서 해야 할 도리와 의무라고 할 수 있겠다. 아무튼, 끝까지 그러나 정년퇴임자이니 시간

많고 나름 호기심도 많으니 이것저것 다 보면서 가자는 원칙을 세운다. 그렇게 얼마를 걸었을까? 계획이 어긋나 하루 걸을 수 있는 거리만큼 걷고 나면 숙소를 정해야 하는데 숙소가 만원이라 거처할 곳이 없다는 사실에 온 만큼 더 걸어야 할 처지이니 몸이 움직이지 않는다는 점에서 이를 어찌할 것인가? 방도가 없다. 우리 부부만이 그런 것이 아니라 함께 택시를 타고 다음 경유지까지 가자고 한 프랑스 부부도 같은 처지이고 보면 순례길은 죽어도 걸어야 하는 원칙도 있고 이런 경우엔 변칙도 있게 마련인 것이다. 기진맥진해서 다음 경유지의 숙소에 거처를 마련해놓고는 피곤이 몰아쳐 바로 잠을 청해야 했던 때의 추억이 새롭다. 어느 숙소에서 점심 후 낮잠을 자며 휴식을 취하고 있을 즈음, 난 컴퓨터에서 메일을 확인하다가 흑백사진 한 장이 올라온 것을 확인해보니 우리의 첫 손자 사진이라는 점에 경이로움과 황홀감을 어찌 누구에게 표출할 수도 없이 우리 부부만이 좋아 날뛰며 물이라도 마시며 서로에게 감사한다고 연발했던 그 기쁨의 날. 드디어 아내의 발가락이 꼬이는 바람에 걷기가 힘들고 힘주어 걷다 보면 발가락 사이가 짓물러 아프고 피가 나는 바람에 지나가는 순례자 간호사가 자기 약을 발라주는 애인(愛人) 정신과 이타심에 감사하고 또 감사한 날. 그로부터 계속 만나게 된 핀란드 부부와는 지금도 함께 연말연시 인사를 나누며 생일 인사를 빠뜨리지 않는 예의를 갖추며 지내고 있는 친구들. 언젠가 우린 헬싱키여행 때 유독 핀란드 부부를 만나며 함께 간 여행객들과 따로 반나절을 그들과 함께 지낸 순례길에서 쌓은 우정의 끈. 레온 시에 도착했을 때 스페인 부부와 함께 점심을 스페인 스타일의 시골밥상을 주문해 먹으며 이들 스페인 부부는 순례길을 맛여행처럼 시간 날 때마다 걷는다는 사실에 참 멋있는 부부를 만났던 일, 덴마크에서 말썽꾸러기 아들과 함께 순례길을 걸으며 함께 대화하며 치유하는 그 노력을 보며 순례길이 치유의 길이라는 점에서도 중요할 역할을 한다는 것을 알게 되었다. 어느 숙소에서는 독일 여자 자매가 걷다가 다리를 다쳐서 하루밖에 묵을 수 없는 숙소(알베르게)를 며칠씩 묵을 수 있다는 점과 그녀들도 가정사 때문에 순례길을 걷고 있다는 점에서 또 놀랐던 점, 그곳에서 만난 프랑스 철학 교수는 왜 젊은이들은 산티아고 순례길을 그렇게 빨리만 걷고 있는지를 이해할 수 없다고 나한테 목청을 높였던 그도 생각이 난다. 이런저런 인생사들이 순례자 길에서도 똑같이 일어난다는 점에서 나는 호기심과 피곤으로 인해 덤덤함이 겹쳐 목적지가 가까우면 가까울수록 왜 걷고 있는지를 잊어버리고 그냥 걷는다는 사실 하나만 잊지 않고 끝까지 가야지 하는 그 목적 하나만이 머릿속에 남아있다. 걸으며 생각하는 처음의 계획은 여지없이 사라지고 그냥 걸을 땐 걷기만 하고 하루 치를 걷고 나서 숙소를 잡고 나서 빨래하고 내일을 위한 준비를 다 해놓고 카페에 앉아 일기를 쓰며 이런저런 생각을 하며 우리 부부의 친손자는 지금쯤 어느 정도 자랐을까? 하는 생각도 간간이 떠오르고 걸으면 걸을수록 길의 위대함이라든지 밀밭의 초록색 연속, 그 위에 푸른 하늘이 길게 늘어져 이어지는 그림, 게다가 봄의 향기를 머금고 뽐내는 체리의 맛이란 역시 자연의 맛이 최고. 순례길을 걷는 우리가 가상했는지 아니면 뿌듯했는지 시골 소년이 체리나무에서 체리를 한 움큼 따다 주는 그 순박하고 친절함이여, 길에는 정이 넘쳐나고 그래서 더 걸을 만 하구나. 그렇게 바라던 800㎞가 눈앞에 보인다. 천릿길도 한걸음부터라고 하는 속담처럼 그렇게 까맣게 멀기만 했던 그 길이 바로 눈앞에 있을 때 그 느낌을 무어라 말할 수 없어 눈물부터 난다. 아무 말도 필요 없이 서로 모르는 사람들끼리도 껴안고 그냥 가만히 서 있다. 살아있으되 살아있지 않는 인간조각상들이 여기저기 서 있다. 그렇게 한참이 흘러간 뒤에서야 제정신 차리고 이제 끝이 났구나 싶다. 아니 내일도 걸어가야 하지 않나? 갈 곳이 없음이 더 문제가 아닌가? 삶은 걸어가는 것이다. 어디든 걸어 가야 한다. 그냥 걷는 것이 아닌 삶의 연속으로.

왜 나는 고통스러운 산티아고 순례길을 걷고 싶어 했을까? 산티아고 순례길을 걸은 지 벌써 14년이란 세월이 흘러갔다. 지금도 여전히 나의 머릿속엔 생생하게 그 길이 기억되며 살아있다. 고생을 자처하며 걸었던 그 길을 다시 한번 더 걷고 싶었지만 결국은 걷지 못했다. 하지만 난 매일 마음속의 순례길을 걷고 또 걷고 있다. (2022)

두브로브니크의 해변
(1993년 8월 15일- 9월 3일)

"나는 1978년 여름 그를 처음 만나게 되었고 만나자마자 그를 인간적으로 좋아하게 되었다. 예술가 이전에 한 인간으로서 문신(文信 1923-1995)은 세월이 지나면서 나에게 더욱 진하게 밀착되었다. 그는 나의 부모님 세대로 아버지 같은 분이시다. 지금은 작고하시고 안 계시지만 그는 예술가이시고 나는 그의 전시와 관련된 일, 주로 통역과 번역 일을 도와드리게 되었다. 그런 가운데 1993년 여름방학 즈음 유고슬라비아의 자그레브와 사라예보에서 전시회를 하게 되었다면서 나에게 통역을 부탁해오셨다. 급기야는 문 선생님 부부와 우리 부부가 함께 떠나게 되었다. 실은 전시회를 주최하는 장본인과 준비인 자격으로 떠나게 되었다. 사회주의 국가였던 티토의 유고슬라비아는 나에겐 아주 먼 나라였고 아는 바도 별로 없었다. 따라서 나는 기꺼이 통역 일을 맡기로 했다. 더욱이 문신 화백을 좋아하게 된 마당에 그분의 해외 전시회를 도와드리는 것이 하나의 도리처럼 생각했다. 이젠 나에게도 문신이라는 예술가뿐만 아니라 그의 창조적이고 개성 있는 작품들, 특히 흑단작품들을 좋아하게 되었다. 지금은 스테인리스의 흡수력과 내뱉음을 동시에 간직한 오묘함을 좋아하기도 한다. 아무튼, 문신이라는 예술가는 "노예처럼 일하고 신처럼 창조를 한다." 지금은 신의 세계에서 또 다른 창조를 위해 불철주야 작품 활동을 하고 계시리라 믿는다. 이제 그의 예술성이 또 다른 예술을 잉태시키고 그의 인간성이 살아있는 작품을 엮어 나아가기를 믿어 의심치 않는다. 따라서 거의 한 달간 자그레브와 사라예보에서 성대히 그리고 보람된 전시가 되도록 도와드렸다."

1

 보잉747을 타고 서울에서 파리로 직행. 세 끼니의 기내식을 먹고 영화 두 편을 보며 시베리아 벌판을 지나 파리로 향한다. 문신 선생님은 연세가 많이 드셨다 하여 부인의 배려로 프레스티지클래스에 탑승하셨고 우리 부부와 그의 부인 최 여사는 이코노미클래스에 탑승하고 간다. 그래도 아무런 불편함은 없다. 가끔 프레스티지클래스에 들려 그분 옆 좌석에 앉아 얘기하고 오곤 했다. 이윽고 아침 7시경 파리에 도착한다. 택시로 라데팡스에 도착한다. 문 화백의 아파트 겸 아틀리에가 라데팡스에 있는데 지금은 친구인 한 묵 화백이 임시로 사시며 작품 활동을 하고 있다. 따라서 도착하자마자 아침을 먹으며 한 부부와 문 부부 그리고 우리 부부 6명이 그동안 밀린 얘기를 나눈다. 노 화백들의 대화에는 삶의 결이 진하게 묻어있음을 나는 본다. 거장들의 소박함 속에 진정 그들의 예술성은 위대하기만 하다.

2

 다음날 바게트와 과일로 아침 식사를 하고 W 가족을 방문하기로 한다. 유네스코본부 직원으로 오랫동안 근무해 오신 W 선생님은 유네스코 한국위원회 출신으로 유네스코 한국위원회 직원들의 우상이시다. 능통한 영어 실력과 뛰어난 일 처리 능력은 그를 유네스코직원으로 발탁하게 된 동기이리라. 73년 유네스코본부로 전근하실 때, 아이들 불어 문제를 도와준 계기로 그리고 나의 74년 유네스코본부 연수프로그램참여로 가까워지게 되었다. 내가 이리저리 신세를 많이 진 분들이다. 미라보다리 근처 아파트에 사시다가 최근 베르사유 근처 새집을 사서 이사하셨단다. 집은 2층 구조로 다세대로 은퇴 부부들이 살기에 좋은 주거 환경이다. 아이들 다 시집과 장가 보내고 두 분만이 사시는데 은퇴하신 뒤를 생각해 사셨다고 한다. 신도시 도심에서 아랍인들이 좋아하고 우리도 무척 좋아하는 쿠스쿠스를 먹으며 이야기꽃을 피운다.

3

12시 40분 비행기가 연발해 1시 25분에 출발한다. 목적지는 크로아티아공화국 수도 자그레브이다. 문 화백의 조각 전시회 개최를 위해 우리 부부는 전시회에 관련된 통역을 담당하기로 하고 동행하게 되었다. 출발한 지 얼마 되지 않은 것 같은데 금방 도착하는 것 같다. 서울에서 파리까지 장거리 비행을 하고 보니 2시간 반 정도의 비행은 큰 문제가 되지 않았다. 15시 50분에 도착하니 자그레브 박물관 직원이 마중을 나왔다.

시내 한복판에 있는 아담한 호텔에 여정을 풀었다. 편리한 호텔이다.

  드디어 우린 과거 사회주의 국가이며 티토 대통령의 나라인 유고슬라비아에 오게 되었다. 내 기억으로는 티토 대통령이 쓰러져 사망하기까지 아주 오랫동안 끌어왔는데 그 이유는 김일성 주석이 인삼을 많이 선물해 티토 대통령이 그걸 복용한 결과라고들 수군거렸던 가십거리가 되살아났다. 그는 지금 없다. 그러나 티토 없는 유고슬라비아는 분열로 치닫고 있는 것 같다.

4

  자그레브에서의 첫 아침을 나는 아내와 함께 아침 산책을 하며 구경하기로 한다. 그리 멀지 않은 광장 한쪽에 꽃 장사 아줌마가 일찍 장사 준비를 하고 있다. 우릴 보자마자 아줌마는 장미 한 송이를 아내에게 선물하는 것이 아닌가? 얼떨결에 장미 한 송이를 받아든 아내는 좋아 어쩔 줄을 몰라 한다. 아줌마의 장미 한 송이가 우리들의 마음을 녹아버렸다. 사회주의 국가의 냄새를 맡고자 하는 내 마음도 장미 한 송이가 녹여버렸다. 사회주의 국가라지만 보통사람들의 마음만은 포근한가 보다. 하지만 자그레브 일정 관계로 작은 선물도 전해주지 못해 아내는 못내 아쉬워했다. 장미는 아내의 가슴에 가시로 남아있지만 아프지 않은 고통이리라.

　자그레브 미술관에 들러 전시 관련 인사들과 만나 사무적인 일들을 마치고 조각전시장인 레플리카 광장에 들렸다. 야외와 실내 전시장이 넓고 위치도 좋아 보였다. 공적인 일을 마친 뒤 전차 타고 아내와 함께 시내 구경을 한다. 성당에서 결혼식을 막 올린 정말 아름다운 신부를 만났다. 아내와 나는 감탄을 연발했다. 어쩌면 저리도 아름다울까? 하고 한참을 신부와 신랑을 쳐다보았다. 토요일엔 결혼하는 사람들이 많아 보였다.

　저녁엔 자그레브에서 돼지고기 요리로 유명한 레스토랑에서 저녁을 먹기로 한다. 요리도 맛있지만, 음악이 흐르고 나무가 함께 어우러져 멋있는 분위기가 연출된다. 음식은 분위기 따라 더욱 맛있게 느껴진다.

5

　전시 일정이 확정되기까지 우리 일행은 자그레브 관광을 한다. 택시를 타고 그리 멀지 않은 삼림욕장을 구경하기로 한다. 4017m나 되는 거리를 케이블카를 타고 올라간다. 내 일생 케이블카를 이렇게 오랫동안 타본 적이 없다. 게다가 케이블카 탑승료도 몇백 원밖에 되지 않는다. 사회주의의 특징을 싼 요금에서 느껴지는 것 같다. 일광욕과 삼림욕을 함께 할 수 있는 넓은 잔디밭도 있고 나무들이 울울창창해 신선한 공기를 맘껏 마시고자 한다. 정상에는 호텔도 있다. 그곳에서 점심을 먹으며 잔디밭에 자리를 잡고 삼림욕을 하며 담소한다. 르누아르의 풍경 그림처럼 말이다.

저녁 6시 전시 책임자인 현대미술관 관장을 만나 그의 안내로 레스토랑 *Lagvie*에서 환상의 저녁을 먹는다. 산허리에 자리한 레스토랑은 자그레브의 야경이 보이는 곳으로 야경을 구경하며 식사를 할 수 있는 고급식당이다. 그리고서 우리 일행은 그의 집에서 부인의 접대를 받으며 환담을 계속한다. 우린 자그레브에 대해서 그리고 그들은 우리나라의 문화에 관해서 서로들 다른 것에 관해서 관심을 보인다. 역시 문화예술인답다.

6

자유로움만이 자유를 대변한다.

현대미술관장과 자그레브 전시 다음의 전시 일정인 사라예보 전시회 일정을 최종결정한다. 이번 전시 중개인인 리보타와 전화통화를 하고 자그레브 문화 장관 방문 일정이 계획되었음을 알게 되었다. 전시가 성공리에 이뤄지기를 바라며 아내의 이름으로 저녁을 낸다. 실은 통역 일을 맡게 된 나 때문에 아내가 함께 올 수 있게 된 감사의 표시인 것이다.

저녁 식사 후, 자그레브 현대미술관 뒤뜰에서 열린 프랑스 합창 모임에 함께 참여해 즐거운 시간을 갖는다. 작은 콘서트를 통해 자그레브인들의 문화 수준을 엿볼 수 있었다. 가톨릭교도인 크로아티아인들은 수려한 인상과 체격이 매우 커 보였다. 둘째 준호와 통화하는 기쁨도 갖는다.

7

비 오는 날엔 호텔에서 휴식을 취하는 것이 상책이다. 문 선생께서는 호텔에서 삽화 작업을 하신다. 한시도 가만히 앉아 계시는 법이 없다. 충전이 필요 없는 항상 움직이는 꺼지지 않는 불멸의 사신처럼 말이다. 호텔에서 *Goulash* 수프에 *Beefsteak Tatrs*를 먹는다.

자그레브는 인간의 도시로 맑은 공기를 지닌 오염 안 된 거리를 자랑하는 도시다.

8

11시 크로아티아공화국 문화 장관, 관장 그리고 기자들과 직원들이 모인 가운데 공식행사가 이뤄진다. 인사를 주고받고 기념 메달이 수여되고 선물이 교환되었다. 문 화백의 기자 인터뷰가 있었고, 이어 장관의 오찬에 초청되어 한국과 크로아티아공화국 간의 문화교류의 첫 장이 열리는 것이다. 정부 차원이 아닌 민간차원에서 이런 일이 성사된다는 것이 참으로 자랑스럽고 보람된 일이다.

나에게도 문화교류에 이바지한 공로로 메달을 주었다. 매우 고마웠다. 하지만 이러한 일들이 문 선생님 때문이었기 때문에 그 자리에서 바로 받은 메달을 미술관에 기증하기로 한다. 행사 후 시내 관광을 하다가 삼성 텔레비전 세트를 발견하고 무척 반가웠다. 우리 전자제품이 이곳에서까지 판매되고 있다는 점에서 그냥 반가웠다. 작은 애국심의 발로인가? 아니면 속물에 지나지 않는가? 아내가 피자를 먹고 싶어 해 함께 피자 속에 빠져든다.

자그레브는 자연스럽다. 그들의 행동도 자연스럽다. 게다가 소박함과 자유스러움이 넘쳐 흐른다. 이런 분위기에 놀라워하는 내가 놀라워해야 하는 대상이 아닐까 생각해본다.

9

전시 일정에 따라 전시가 개관되면 실제로 우리 일행은 별반 일이 없다. 따라서 문 선생 부부는 다음 전시지역인 사라예보로 가시기로 하고 우린 헝가리 부다페스트로 가기로 한다. 문 선생 부부가 적극적으로 권장해 그리하기로 하고 사라예보에서 만나기로 한다.

　잠 속에서 꿈을 꾸고 있는데 아내가 날 흔들어 깨는 바람에 꿈이 깨지고 말았다. 부시시 일어나 여행채비를 한다. 큰 가방을 호텔 프런트에 맡긴다. 한데 짐을 보관하고 있다는 보관확인표를 주지 않아 내가 임시로 만들어 서명을 요청하니 의아한 표정을 짓는다. 짐 분실에 대한 염려가 전혀 없는 곳인가 보다. 더욱이 체크아웃할 때 호텔이용 비용계산을 문 선생이 한다고 하니 확인 없이 해준다. 나만 공연히 멋쩍어한다. 의심 없는 사회는 아름답고 편리하다는 생각을 한다.

　간편한 차림으로 자그레브역에 도착한다. 그러나 온통 유고말로 되어 있어 표 파는 곳이 어디인지 한참을 헤매다 겨우 찾아 헝가리행 2등칸 2장 (246.80X2=493.60 dinar)을 샀다. 7시 55분 부다페스트행 국제선 열차. 햄버거 2개를 사 들고 기차에 오른다. 달리는 기차에서 본 시골 풍경은 온통 초록색, 그 위에 자그마한 빨간 벽돌집들. 그리고 옥수수밭과 빨간 벽돌집의 빨간 기와지붕, 온통 그림으로 보인다.

　기차를 타고 가다가 바다처럼 펼쳐진 헝가리 발라통(Balaton)역 근처의 호수 유원지 도시가 이채롭다. 호수이지만 바다처럼 보인다. 드디어 부다페스트-델리에 도착한다. 200불 환전하고 예약하려던 호텔이 너무 변두리에 자리 잡고 있어 중심지에 있는 고급호텔을 알아보았으나 또한 만원사례였다. 도움을 받고자 한국대사관 전화번호를 안내받아 전화했더니 북한대사관 직원이 받으며 우린 '모릅니다'라고 이북사투리로 퉁명스럽게 하는 것이 아닌가? 아뿔싸! 하는 수 없이 변두리 호텔이라도 감지 덕분으로 잡아야겠다고 생각했다. 스페인 출신이면서 파리에 거주하는 사람을 우연히 만나 에븐 호텔로 정하고 그의 차로 동행한다. 말이 통한다는 것은 기본적으로 그의 문화를 이해한다는 뜻으로 서로 통하는 바가 많다. 75불짜리 호텔이다. 호텔에 여장을 풀고 메트로 타고 시내로 나와 산책한다. 다뉴브강을 거닐며 시타델과 엘리자베스 다리와 로얄 팰러스의 야경(8시에 점등)을 구경한다. 맥도날드에서 저녁 먹고 호텔로 와 꿈나라로 간다.

짐 들고 호텔 찾느라 고생했는데도 시내 구경을 하며 마냥 즐거워했다.

10

호텔에서 아침을 먹고 메트로 타고 시내로 온다. 헝가리국립박물관을 구경하니 헝가리 역사를 조금은 알 것 같다. 그리고 나서 국립미술관이 있는 왕성(王城)에서 헝가리미술을 감상했다. 다뉴브강을 끼고 자리 잡은 왕성은 우아하고 거대하다고 느꼈다. 우연히 어느 귀족? 집안의 화려한 결혼식을 보게 되었다. 좋은 날이라 그런지 외국인 우리를 결혼식에 참가하게 한다. 주례는 여자가 하는데 조금은 다른 절차에 따라 하지만 간편한 절차였다. 샌드위치로 점심을 해결하다. 시타델로 올라가 구경하다가 한국인 미스터 유를 만난다. 비디오 촬영기사인 그는 성격이 매우 쾌활해 잠시나마 즐거운 시간을 함께했다. 헝가리영화 202주년 기념행사가 왕성 곳곳에서 개최되어 여행객들을 즐겁게 해주고 있다. 저녁엔 다뉴브강 강가에 있는 유명한 식당에서 헝가리 특별요리를 시켰으나 언어소통의 문제로 보통 요리인 생선만을 먹게 되어 실망이 컸다. 식사 후 짐 맡겨놓은 곳(부다페스트 델리역)으로 가서 짐 찾아 부다페스트 카렌티 역으로 와야 했다.

이등석 밤차를 타려거든 1시간 전에 도착해야 할 것 같았다. 자유석인 2등 칸엔 많은 승객으로 붐벼 우리는 자리를 잡느라 애를 먹었다. 아무튼, 화장실 근처엔 자리를 잡지 말아야 한다. 1~2등 칸을 막론하고 냄새가 진동한다. 게다가 남자들보다 여자들이 앉아 있는 좌석에 앉는 것이 좋다고 생각된다.

11

한 시간 전에 역에 도착했지만 이미 빈자리가 없었다. 무척 당황했으나 겨우 자리를 잡게 되어 다행이었다. 함께 자리한 사람들은 유고, 헝가리, 그리고 소련사람들인데 모두 체스플레이어들로 경기에 참여할 목적으로 간다고 한다. 우리가 유고에 간다고 하니 특별한 관심을 쏟으며 친절을 베푼다. 엽서, 동전, 지폐를 기념으로 주고, 소련돼지고기말린 것, 빵까지 주면서 먹으라고 한다. 나도 우리나라 것들을 준다. 이런저런 이야기를 나누며 시간을 보냈다. 새벽 3시쯤 되어서야 눈을 붙이게 되었다. 5시경 그들 일행이 내렸다. 괜히 마음이 찡함을 느꼈다. 어느 나라나 보통사람들의 마음은 한결같이 정이 흐르는가 보다. 넓어진 좌석에 누워 벨그라드에 6시 30분에 도착한다.

벨그라드에서 사라예보행 기차로 갈아타야 한다. 10시 15분 직행 기차표를 사고 두 시간여의 여유를 갖고 여행사의 추천으로 1시간 30분짜리 시내 관광을 한다. 사라예보행 기차도 2등 칸은 만원이었다. 자리가 없어 역무원에게 104디나르를 주고 1등 칸으로 변경했다. 아랍계 부부와 아들, 부부와 딸과 아들, 아줌마, 프랑스의 젊은 한 쌍, 그리고 입석자들이 서 있다. 좌석 체크가 매우 심하다. 조용히 피곤을 삭이며 사라예보에 도착하니 저녁 6시 30분이었다. 긴 기차여행은 이렇게 해서 끝이 났다. 문 선생 부부와 다시 만나 저녁을 사라예보 전통식당에서 음악과 함께 맛있는 생선요리를 먹고 개천가 카페에서 카페를 마시며 여행담을 늘어놓는다.

12

사라예보는 이 에리사가 세계탁구대회에서 우승했던 곳으로 그 이름이 낯익다. 은행 업무를 본 뒤 사라예보의 구시가를 구경한다, 특히 기념품 가게들이 이채롭다. 사라예보는 기독교계의 자그레브와 달리 이슬람계통이기에 자그레브의 특선요리인 돼지고깃집은 없고 생선요릿집이 많은 편이다. 불칸이란 식당에서 생선요리를 먹고 기념품들을 사는 즐거움을 가졌다. 사라예보 전시회 개막식이 저녁에 있을 예정이다. 미리 도착해 야외조각전시와 실내 유화 및 채색화들을 관람하고 전시개막준비를 챙긴다. 나는 통역으로 개막식에 참여하고 있다. 저녁 8시 개막식이 거행되었다. 많은 주요 인사들이 모인 가운데 개막행사가 끝났다. 이어 인터뷰가 있었는데 작가인 문 선생님이 한국어로 말씀하시면 나는 그것을 프랑스어로 통역을 하고 그것을 다시 유고말로 통역을 하고 다시 그 역순으로 오가며 인터뷰를 했다. 언어 릴레이 같은 재미있는 현상이라고 생각되었다. 사라예보국립미술관개최 문신 조각(75점) 및 유화, 채화, 데생 전(104점)이 8월 27일부터 6주간 열릴 예정이다. 제1전시장은 조각, 제2전시장은 유화, 채화, 데생이 전시되는데 특히 야외전시장에서는 대형 스테인리스작품이 웅대한 모습을 자랑하고 있다. 자랑스러운 일이다. 한 개인 조각가가 이역만리 사라예보에서 그의 일생의 역작들을 전시하는 그 자체만으로도 대단한 일임에 틀림없다. 정말 존경스럽다. 이처럼 사라예보 전시는 문을 활짝 열어 놓았다.

13

전시개막식이 끝나고 난 뒤, 사라예보미술관장의 추천으로 바로 두브로브니크 여행을 떠나기로 했다. 1일 400불을 주고 렌터카를 예약했고 두브로브니크에서 자그레브행 비행기도 예약해놓았다. 빌린 차량의 기사가 8시에 온다고 했는데 결국 1시간 늦게 도착한다. 어이가 없지만 달리 방도가 없다. 두브로브니크로 가는 도중에 들른 모스타르(Mostar) 관광지를 구경했는데 대단했다. 옛 다리와 구시가가 매우 인상적이다. 두브로브니크에는 오후 5시경에 도착했고 Adriatic Hotel(108불)에 투숙하기로 정하고 호텔 바로 앞에 있는 아드리아해의 맑은 물의 유혹에 우리 일행은 수영하기로 한다. 여자분들은 수영복을 구입키로 하고 남자들은 그냥 팬츠 차림으로 수영하기로 한다. 수영 솜씨는 문 선생께서 일등이었다. 대단한 숨은 실력을 아낌없이 발휘하신다. 아마도 어린 시절부터 마산 바닷가에서 자란 덕일 것이다. 코발트색 바다의 아름다움, 자유로운 분위기, 수영보다 썬팅을 즐기는 것은 유럽인들과 마찬가지인 듯하다. 핀란드에서 온 젊은 부부와 두 딸이 눈에 밟힌다. 애들은 너무도 귀엽고 부부는 너무 귀족답다. 수영 뒤 호텔에서 푸짐한 뷔페식사를 하고 호텔 내 해안가에 준비된 휴식 테이블에서 수박을 사와 수박파티를 했다. 그 맛은 잊을 수가 없을 것이다. 아드리아 해안의 코발트색과 함께 말이다.

14

아침에 체크아웃하고 짐을 맡겨놓은 뒤 시내 관광을 하기로 한다. 9백 년이 넘는 두브로브니크의 구시가를 구경했다. 관광객이 매우 많았다. 중세풍의 고도시는 나름의 역사를 품고 스스로 그 고뇌를 삭이고 있는 것 같았다. 도시 끝 선착장에서 바로 보이는 섬이 우릴 유혹했다. 결국, 배를 타기로 한다. 정말 맑은 바닷물은 거울 같았고 기분이 확 트인다. 섬에는 특별한 유적은 없고 나들이 가는 곳인 것 같다. 산책하면서 다음 배를 기다려 다시 두브로브니크로 귀환했다. 호텔로 온 뒤, 다시 수영을 즐기며 시간을 보낸다. 점심을 먹은 뒤 콜택시로 공항으로 간다. 4시 45분 비행기를 타고 자그레브에 도착해 두브로브니크호텔에 투숙하다. 두브로브니크에서 자그레브로 왔는데 두브로브니크호텔에서 투숙한다는 것이 조금은 우스웠다.

15

 전시 일정이 모두 끝났다. 이제 파리로 되돌아가는 일밖에 없다. 오전 내내 휴식을 취하며 담소하며 시간을 보낸다. 비행기도 서두를 필요를 느끼지 않는가 보다. 조금 연발하다. 비행기를 기다리며 여행객들과 얘기를 나눈다. 자그레브에 10년째 거주한다는 세 아이의 일본 여성, 돈 벌기 위해 스위스로 간다는 청년과 영어 배우러 영국에 간다는 또 다른 청년, 모두 열심히 살고 있다. 금방 파리 오를리공항에 도착한다. 바로 숙소가 있는 라데팡스로 직행한다.

16

 파리로 돌아와 우린 루브르박물관을 구경하고 쇼핑을 하고 귀국 준비를 한다. 귀국하는 날 오르세 미술관을 관람한다. 라데팡스에서 저녁을 먹은 뒤, 택시(220프랑) 타고 샤를 드골 비행장에 도착해 서울행 비행기를 탄다. 서울 도착하니 9월 3일이다. 짧은 듯 했지만 내용은 매우 풍성한 여행이었다. (1993)

한묵 백수전(百壽展) 베르니샤즈

눈에 확 들어온 신문기사 하나. 한묵 백수전. 8월 12일-9월16일까지 현대갤러리 강남점에서 열린단다. 바로 아내에게 이 사실을 알리고 함께 가기로 했고 오늘이 바로 그날이다. 한묵 백수전 베르니샤즈(*Vernissage*:초대일).

아침부터 마음이 바쁘다. 하지만 오늘은 난 중국어 공부하는 날이고 아내는 일본어 공부하는 날이다. 한데 아내의 공부시간이 오후 4시부터 6시까지다. 베르니샤즈 시간과 겹치는 것이다. 일본어 공부를 빼먹고 가자고 해도 아내는 막무가내다. 몇 명 되지 않아 빠지면 안 된다. 오늘 가지 말고 다른 날 가든지 아니면 나 혼자 가든지 하란다. 아내지만 하고자 하는 바를 꼭 해야 하는 그 철저함에는 어찌할 수 없다. 절충안이 마련됐다. 일본어 공부를 한 시간만 하고 베르니샤즈에 가자고 말이다. 타협안이 괜찮았는지 5시에 주민센터 앞에서 만나기로 한다.

힘겹게 공부하는 동안에 나온 아내는 택시를 타고 가잖다. 우리 둘은 대중교통수단을 이용하는 데에는 이력이 나 있어 택시는 거의 타지 않는 편이기에 조금은 의외였지만 가끔은 택시 이용도 편리하니 좋을듯싶다. 아주 늦게 가는 것보다 적당한 때에 가는 게 예의일 수도 있기에 말이다.

갤러리에 도착하니 많은 사람들이 이리저리 흩어져 그림 감상을 하고 있다. 그러나 예상한 것보다 사람들이 많지는 않았다. 눈에 들어오는 아는 사람들도 보인다. 하지만 제일 먼저 본 사람은 한묵 선생님 사모님이었다. 어찌 이제 나타나느냐면서 반가움 반, 섭섭함 반으로 우릴 반겨주면서 화집부터 챙겨주신다. 그리고 연락할 전화번호를 교환하고서는 바로 한묵 선생님을 뵈로 갔다.

한묵 선생님은 코너에 있는 전시실 한가운데 의자에 앉아계신다. 인사를 드리니 웃음으로 맞아주시는 데 아시는지 모르시는지 알쏭달쏭하다. 금방 옆에 계신 친척분이 잘 알아보시지 못한다고 귀띔해주신다. 파리에서의 추억거리들을 주섬주섬 얘기해도 웃기만 하신다. 내가 너무 안일한 생각에 나만은 알아보시겠지 하고 생각한 것이 잘못이었다. 99세라는 연세에 지금 이 자리에 앉아 손님들을 웃음으로 반겨주시는 것만이라도 대단한 일인데 말이다. 순간 한묵 선생님과의 파리에서의 추억들이 주마등처럼 뇌리를 스쳐 지나간다.

    1993년 파리 7대학 교환교수로 가게 되었을 때, 문신 화백의 라데 팡스 아파트가 비어 있어 그곳에 살게 되었다. 당시 문신 화백과 가까이 지내신 한묵 화백께서 라데팡스아파트에서 작업하시기도 했었다. 이런 관계로 내가 그곳에 살던 때에도 한묵 선생님께서 가끔 들르시곤 했다. 문신 화백이 파리에 오실 때에는 물론 한묵 화백도 함께 식사하시면서 모두 즐거운 한때가 있었다. 이런 관계로 한묵 선생님과 난 카페에서 또는 시구마 일본라면집에서 가끔 만나 한묵 선생님의 옛날얘기며 그림 이야기를 듣기 좋아했다. 어느 날인가 그림 이야기는 판화 이야기로 이어졌다. 난 순간 판화가 하고 싶어져 나 같은 사람도 판화를 배울 수 있느냐고 여쭤보니 '어디 손 좀 봅시다' 하면서 내 손을 만지시더니 손이 자그마하니 판화를 잘할 수 있겠구먼 하시는 게 아닌가? 그날 이후 난 한묵 선생님께서 소개해주신 판화 공방에 들러 등록절차를 밟고 바로 판화공부에 열을 올리게 된 계기가 되었다. 덕분에 판화를 배우게 된 나는 시간 나는 대로 한묵 선생님과 오페라좌 근처의 단골 카페에서 카페를 마시며 이야기 듣기를 좋아했고 시구마 라면집에서 미소 라멘을 먹으며 좋아했던 시간이 많았다.

    내가 한묵 선생님 함자를 알게 된 것은 아주 막연한 것이었다. 1970

년대 파리대학 유학 시절에 한국 화가분이 60이 넘었는데 학생 신분으로 있다는 이야기를 들었고 혼자 어렵게 사신다는 이야기를 들었었다. 그런데 언젠가는 제자분하고 결혼하셨다는 이야기를 들었다. 그러다가 교환교수 시절 문신 화백과 함께 알게 되는 기회를 얻게 되었다.

2000년 안식년으로 아내와 함께 파리에서 일 년을 생활하게 되었다. 정말 안식년으로 그동안 고생한 아내를 위한 답시고 파리를 택했고 또한 파리만큼 편안하고 고향 같은 곳이기에 안식년 1년을 파리로 택해, 씨테 브라질관 부부 방을 얻어 생활하게 되었다. 아내는 그림을 열심히 그렸고 난 책 출판원고를 열심히 준비하고 있었다. 이런 이유로 한묵 선생님 부부를 가끔 뵐 수 있었다. 이젠 부부가 함께 자리하는 경우가 대부분이었다. 특히 씨테에서 아내와 나는 그동안 준비해온 전시회를 개최하게 되어 한묵 선생님 부부를 모실 수 있는 영광을 갖게 되었다. 아마추어 화가랍시고 그림 그리기를 좋아하던 끝에 전시회를 하게 되었는데 이런 자리에 한묵 화백님을 모시게 되었으니 말이다. 참 영광일 뿐이다. 어느 날 한묵 선생님께서 수술을 받으셨단다. 퇴원하시자마자 우리 방으로 오셔 김치에 밥을 맛있게 잡수시고 씨테에서 산책하며 좋은 시간을 가졌던 기억도 생각난다.

언젠가는 문신 화백 부부와 한묵 화백 부부 그리고 우리 부부가 함께 저녁을 해 먹고 이런저런 얘기를 나눈 끝에 이런 이야기도 나왔다. 문신 화백은 한국으로 활동무대를 옮기신다며 한묵 화백도 함께 귀국하자고 권했다. 한묵 화백의 위치에서 파리는 너무 초라하니 귀국해서 활동하면 파리에서보다는 훨씬 나을 것이라고 모두 귀국을 종용했지만, 그는 완곡했다. 한묵 선생님을 뼈를 파리에 묻겠다며 한사코 반대하셨다. 그만한 이유 가운데 하나가 한국의 정치 불안 그리고 적화에 대한 두려움 등 많은 것들이 그의 뇌리에서 잊혀지지 않는 것들인 듯했다. 난 이렇게 생각했다. 파리는 곧 자유다. 그림의 자유뿐만 아니라 모든 것의 자유 그것이 진정한 자유이며 삶의 편리함이란 그저 눈에 보이는 것뿐이라는 생각 말이다. 그래도 조금은 안타까운 심정이 사라지지 않았다.

오늘 그의 백수전. 백수는 99세다. 아무리 오늘날 장수하는 분들이 많다고 하지만 한묵 화백의 백수전은 정말 뜻깊은 전시임이 틀림없다. 사람들에 둘러싸여 의자에 앉아계시는 그의 모습. 그의 60년 동안의 작품 가운데 가장 멋있는 작품으로 앉아있다. 우주라는 이름의 작품들을 이해할 수 없지만, 그의 수많은 작품 가운데 혼자 앉자 계시는 한묵 선생님이 바로 작품이라 생각이 들었다. 이제 친척들도 알아보지 못하는 의식의 불분명함 속에 그의 눈에 보이는 그의 작품은 과연 무슨 의미가 있을까? 그가 남겨놓은 그의 작품들은 그의 인생 속에 알찬 삶의 결과임이 틀림없지만, 지금의 그에겐 그저 하나의 환상이요 하나의 환영에 지나지 않는다. 지금 그는 백수전 베르니샤즈에 앉아있지만, 그는 아무 것도 모른다. 그저 백지상태의 하얀색이다. 그저 웃음 짓는 어린아이에 불과하다. 사람들은 보이는 그의 모습 가운데 보이지 않는 그의 인생에 관하여 얼마나 알고 얼마나 관심을 가질 수 있을까? 그림은 그림이다. 인생은 그림이 아니다. 참 인생을 살아오신 그의 보이지 않는 그림은 우리가 어떻게 할 수 없다.

오래 사신 한묵 화백님! 삶의 평안을 위해 귀국하시라고 주장해온 저의 얄팍함을 용서해주십시오. 정말 그때 오시지 않고 파리에서 당신의 삶을 살아오신 그 꿋꿋함과 열정 그리고 그 외침을 저는 오래 간직할 것입니다. 동해의 해가 떠오를 적 하나의 늙은 소나무가 있어 굽어보는 그 큰 얼굴의 사나이. 당신이 주신 붓글씨를 다시 꺼내어 음미해보렵니다. 더 장수하시어 더 멋있는 삶을 이어가시기 바랍니다. (2014)